Ann-Kathrin Bendixen

Bikergirl

Ann-Kathrin Bendixen

Bikergirl

Wie ich die Freiheit suchte
und das Leben fand

riva

Bibliografische Information der Deutschen Nationalbibliothek
Die Deutsche Nationalbibliothek verzeichnet diese Publikation in der Deutschen Nationalbibliografie.Detaillierte bibliografische Daten sind im Internet über http://d-nb.de abrufbar.

Für Fragen und Anregungen
info@rivaverlag.de

Wichtiger Hinweis
Ausschließlich zum Zweck der besseren Lesbarkeit wurde auf eine genderspezifische Schreibweise sowie eine Mehrfachbezeichnung verzichtet. Alle personenbezogenen Bezeichnungen sind somit geschlechtsneutral zu verstehen.

Bildnachweis
© privat: S. 1, 2 unten, 3 oben links und unten links, 4, 6, 9–10, 11 unten, 13, 14 Mitte und unten, 15 Mitte, unten und rechts, 16 unten / © Tobias Vermöhlen: S. 2 oben, 11 oben und Mitte, 15 oben, 16 oben / © Martin Wenzel: 3 oben rechts, 5, 7–8, 12, 14 oben / © Robin Witzke: S. 3 unten rechts

Originalausgabe
5. Auflage 2022

Türkenstraße 89
80799 München
Tel.: 089 651285-0
Fax: 089 652096

Redaktion: Dr. Sarah Rafajlović
Lektorat: Christiane Geldmacher
Umschlaggestaltung: Marc-Torben Fischer
Umschlagabbildung: Julian Meyer
Illustrationen: ii-graphics/Shutterstock.com, Pyty/Shutterstock.com, LongQuattro/Shutterstock.com, Visual Generation/Shutterstock.com
Satz: inpunkt[w]o, Haiger (www.inpunktwo.de)
Druck: CPI books GmbH, Leck
Printed in the EU

ISBN Print 978-3-7423-1931-9
ISBN E-Book (PDF) 978-3-7453-1659-9
ISBN E-Book (EPUB, Mobi) 978-3-7453-1660-5

Inhalt

Prolog

›Fuck, ist die Aussicht fett!‹, dachte ich mir und schaute in die Ferne. Mit meinem Motorrad war ich auf einen Berg gefahren und sah hinab auf die Lichter einer Stadt. Es war stockdunkel, der Wind wehte und die Grillen zirpten. Ich streckte meine Arme in die Luft. Freiheit! Ich hatte Gänsehaut, meine Augen wurden glasig und meine Knie weich. Ich wischte mir eine Träne von der Wange, als eine Sternschnuppe durch den dunklen Himmel zischte. ›Ich wünsche mir …‹, dachte ich und überlegte …

BÄÄÄM! Ein unfassbarer Schmerz holte mich zurück in die Realität. »Bitte nicht!«, flehte ich, als ich checkte, dass ich nicht auf meinem Motorrad, sondern auf einem stinknormalen Holzstuhl in der Schule saß. Ich sah mich um. ›Der Klassenraum ist doch einfach nur schäbig‹, dachte ich und fasste mir an die Stirn. Fieber. Mich durchfuhr ein Kälteschauer. Der Schmerz wurde schlimmer. Ein Schmerz in meinem Kopf, den ich Tag für Tag mit mir herumtrug. Seit etlichen Wochen versank ich in meinen Träumen. Träume, die mir für einen Moment den Schmerz nahmen. Träume, die mir Hoffnung schenkten. Hoffnung auf eine Zeit ohne diesen Schmerz. Ich hob meinen Blick und sah dem Lehrer dabei zu, wie er irgendwelche absurden Formeln an die Tafel krickelte. ›So eine Scheiße werde ich nie wieder brauchen‹, dachte ich und blendete seinen Unterricht aus.

»Ann-Kathrin?«, fragte er natürlich genau in diesem Moment und schaute auf mich herab.

Seine Fragen zur Analytischen Geometrie konnte er sich sonst wohin schieben. Wieso verdammt noch mal nehmen Lehrer einen dran, ohne dass man sich gemeldet hat?

›Sehr witzig‹, dachte ich, als ich in sein belustigtes Gesicht sah.

Er wusste, dass ich keine Ahnung hatte. Angepisst schaute ich an die Tafel. Die Formeln tanzten, das Geschriebene blieb verschwommen. Nichts Neues. Mein Kopf dröhnte, meine Augen brannten. Schmerzen überkamen mich. Immer wieder. Ich hatte keine Kraft, mich länger anzustrengen und am Ende doch nichts zu erkennen.

»Ich weiß es nicht«, antwortete ich und kassierte einen skeptischen Blick meines Lehrers. Doch er belastete mich nicht. Was mich belastete, war der Schmerz. Ein Schmerz, der blieb. Monatelang.

Dabei ist meine Krankheitsgeschichte fast genauso kompliziert wie die beschissenen Matheformeln. Denn diese scheußlichen Kopfschmerzen wurden ursprünglich mal durch eine winzig kleine Nagelbettentzündung ausgelöst. Mit 16 Jahren dachte ich, Fußball kann man mal machen. Aber kaum hatte ich angefangen zu spielen, entwickelten sich Entzündungen an meinen Zehen, die eiterten und bluteten. Mit dem Arztbesuch ließ ich mir leider zusätzlich noch mal ordentlich Zeit. So lange, bis mir kein Schuh mehr passte. Mein großer Zeh war kurz davor, sich komplett zu verabschieden. Es war so schlimm, dass ich kaum mehr erkennen konnte, ob der Zeh noch blau war oder schon schwarz angelaufen. Als ich mich endlich traute, einen Arzt aufzusuchen, dauerte es ganze zwei Jahre, bis mein Fuß wieder verheilt war. Antibiotika waren dabei laut jedem Doktor das Wundermittel und mein Immunsystem verabschiedete sich langsam. Mehr Tabletten zu schlucken, als ich Essen zu mir nahm, war halt doch nicht so gesundheitsfördernd wie erhofft. Ich musste viel ruhen und wurde oft krank. Während andere Menschen feiern gingen, saß ich in meinem Bett und starrte die Wände an. Den Fuß immer schön hoch halten, hieß es. Spannend, seeehr spannend. Ich fing an, mein Leben zu hassen. Als sich dann auch noch, durch die vielen Erkältungen, die ich mir einfing, meine Nasennebenhöhlen chronisch entzündeten, fühlte ich mich schon wie eine lebende Leiche. Meine Oma hatte weniger Probleme als ich ... und die war 86! Nachdem ich durch die Infekte immer mehr unter Kopfschmerzen litt, lief ich wieder zum Arzt. Der Fehler meines Lebens. Diagnose Polypenentfernung. Ein absolut gängiges Leiden. Nix Schlimmes, aber die Entfernung sollte mich mal wieder kränker machen, als ich ohnehin schon war. Obwohl ich gefühlte tausend Mal betont hatte, dass ich die OP nicht wollte, schien sie dennoch unumgänglich. Ein Routineeingriff, hieß es. Doch nicht bei mir. Danach wurde es erst richtig schlimm.

Eines Morgens wachte ich dann mit so unerträglichen Kopfschmerzen auf, dass mich der Schwindel die Wände doppelt sehen ließ. Der Schmerz schlimmer denn je. Mir war kotzübel. Ich versuchte mich aufzurichten, doch um mich herum drehte sich alles. Ich suchte Halt an dem Kopfteil meines Bettes und merkte nur benommen, wie ich mich erbrach. Die Decke färbte sich dunkelrot. Blut. Ich kotzte Blut! Ich war zu schwach, um meine Angst zum Ausdruck zu bringen. Der Tinnitus setzte ein. In den nächsten Sekunden drehte sich das Zimmer einige Male um sich selbst, und ich fiel hilflos zurück ins Bett. Es folgte die Dunkelheit. Ich sah nichts, spürte nichts. Für einen klitzekleinen Moment fühlte ich mich befreit. Befreit von dem Schmerz. Als ich wieder zu mir fand, überfiel mich pure Angst. Ein Gefühl, als würde die Zeit stillstehen und mich zwingen, mich aus dieser Lage zu befreien. Ein Gefühl, das mich zittern ließ. Zittern um mein Leben. Ich quälte mich. Jede Bewegung wurde nahezu unmöglich. Doch der Wettlauf gegen die Zeit ließ mich handeln. Der Griff nach meinem Handy war so langsam, der Notruf so dringend und meine Stimme so leise. Flehend. Ich rollte mich aus meinem Bett und robbte ins Badezimmer. Mein Auge brannte. Es pochte. Der Schmerz so stark und mein rechtes Auge so schwach. Dunkelheit. Ich schrie. Die Tränen kullerten über meine Wangen, als ich mich gegen die kalten Fliesen lehnte. Ich schaute in den Spiegel. Panik! »Mein Auge ...« Wieder verlor ich das Gleichgewicht und kippte auf den Steinboden.

Ich wachte auf. Eine Lampe blendete mich. Nur langsam erkannte ich die Umrisse meines Freundes. Malte. Der Mensch in meinem Leben, den ich mehr liebte als alles andere auf dieser Welt. Der immer da war. Immer. Seit wir uns vor drei Jahren bei einer Geburtstagsparty ineinander verliebt hatten. Er strich mir die Haare aus dem Gesicht und gab mir einen Kuss auf die Stirn. Mein Bauch kribbelte. Ich löste meine Hände von den kalten Metallstangen des Krankenhausbettes und ließ sie in die warmen und schützenden Hände meines Freundes gleiten. Meine Mutter musste ihn informiert haben, nachdem sie mich hierhergebracht hatte. Im Gesicht spürte ich den Verband. Die Wunde der Not-OP. Und plötzlich erinnerte ich mich wieder, dass ich es gerade noch geschafft hatte, den Krankenwagen zu rufen. Mit Blaulicht hatte man mich ins nächste Krankenhaus gefahren und mir dann doch nicht geholfen ... Nur eine allergische Reaktion vermuteten die Ärzte und entließen mich wieder. Den Krankenwagen bitte nur im Ernstfall rufen, hieß es. Hätte meine Mutter mich danach nicht aufgesammelt und sofort in ein anderes Krankenhaus gebracht ...

Ich schloss meine Augen, blendete alle Fragen aus und begriff erst jetzt, dass ich noch lebte.

Monate waren vergangen, in denen ich mich so sehr gequält hatte und um eine Antwort gebettelt hatte. Monate ohne dieses Leid und ohne den ständigen Schmerz. Nur einen einzigen Tag wieder gesund sein. Was hätte ich dafür getan? Viel zu spät gab es Menschen, die mir halfen. Die mich annahmen und die Dringlichkeit erkannten. ›Wieso erst jetzt?‹, fragte ich mich, als man mir endlich Antworten gab. Mit starrem Blick betrachtete der Arzt, der mich gerade operiert hatte, erst mein MRT, dann das CT. Die ursprüngliche Entzündung hatte sich so sehr verschlimmert, dass sich um die alte OP-Narbe Sekret angesammelt hatte, das auf mein Auge drückte. Mukozele lautet das medizinische Zauberwort dafür, ein mit Schleim gefüllter Hohlraum. So etwas wie eine Zyste.

Zyste. ›Ein Wort‹, dachte ich. Nur ein verdammtes Wort, das so viel veränderte. Der ganze Grund für meine Schmerzen und meine wiederkehrende Bewusstlosigkeit. Der Grund, weshalb ich für beinahe eine Woche teilweise erblindet war. Die Ärzte hatten sie Wochen, nein, Monate einfach übersehen. Direkt hinter meinem Auge! Wie, verdammte Scheiße, war das möglich? WIE?

Der Arzt legte die Aufnahmen beiseite. Die Polypenentfernung wäre nicht notwendig gewesen, erklärte er mir schließlich. Die Zyste wäre leider in Folge des Eingriffs entstanden. Meine Gedanken überschlugen sich. Ob die OP denn nur aus wirtschaftlichen Gründen erfolgte? Wollte ich wissen. Ob sie mich mit meinen 18 Jahren nur dafür unters Skalpell gelegt hatten? Vermutlich, antwortete er und ließ diese Option offen. Doch ich litt verdammt noch mal unter den Folgen dieses schlampigen Eingriffs! Denn die Ärzte hatten außer meinen Polypen auch viel zu viel Knochenmasse entfernt. Der Zugang zu meinem Auge lag plötzlich einfach offen. Dadurch kann sich jede Entzündung blitzschnell auf mein Gehirn ausweiten. Ohne diese Not-OP wäre ich vermutlich gestorben. Ich begann, mich zurück in mein altes Leben zu kämpfen. Woche für Woche. Die Angst vor dem Tod schwand, doch was blieb, war meine Erinnerung an diese quälende Zeit im Krankenhaus, die mich verändert hatte. Erst ließ sie mich weinen und mich in Traurigkeit versinken. Dann ließ sie mich aufwachen und am Ende zu dem Menschen formen, der ich heute bin. Diese absolut überflüssige Polypenentfernung hatte mir die Möglichkeit genommen, über mich selbst zu bestimmen. Denn die Komplikationen, die daraufhin folgten, hatten mich abhängig gemacht von der Hilfe anderer. Ich habe diesen Eingriff mit meiner Gesundheit und mit meiner Lebenszeit bezahlt.

Zum ersten Mal in meinem Leben verstand ich, wie wertvoll diese Zeit war. Zeit, um einfach nur zu da zu sein. Die ich nie genutzt hatte. Nie! Verdammt, ich war erst neunzehn. Jung, und doch waren es so viele Jahre, die ich verschwendet hatte. Ich war todunglücklich, passte mich dem System an und lebte einen langweiligen Alltag. Einen Alltag, der mich einzwängte und mir die Freiheit meiner Seele raubte. ›Verdammt noch mal, ich hab nur dieses eine LEBEN!‹, dachte ich und schwor mir, es zu nutzen. Ich wollte mir meine verlorene Zeit zurückholen. Leben, wie es mich glücklich macht. Dinge, Begegnungen, die mich erfüllen. Nur weil man jung ist, heißt das nicht, dass man alt wird. *Scheiß auf Morgen, denk an heute*, war ein Gedanke, den ich nun endlich zuließ.

Ich dachte zurück an die Schule. Nicht an den Klassenraum, die Lehrer oder meine verkorksten Klausuren. Ich dachte zurück an die Träume, in die ich verschwand, wenn der Schmerz mich im Unterricht einholte. Träume einer Reise. Meiner Reise. Das Gefühl meines letzten Traumes. Unbeschreiblich. Als ich in den Himmel blickte und mir ein Wunsch offenblieb. Pure Freiheit. Ich wünschte mir genau dieses eine Gefühl, das Gefühl der Grenzenlosigkeit. Und doch hatte ich nie daran gedacht, mir diesen Wunsch zu erfüllen. Ich hielt es für relevant, ein Studium nach der Schule zu beginnen, und ließ meine Träume lieber Träume bleiben. Heute ist mir bewusst, wie falsch diese Einstellung war. Nichts macht einen reicher, als seine Träume zu leben. Die Schule hatte mir so viele Jahre geraubt, in denen ich mich gefesselt fühlte. Ein Studium kann warten.

Denn das Leben tut es vielleicht nicht ...

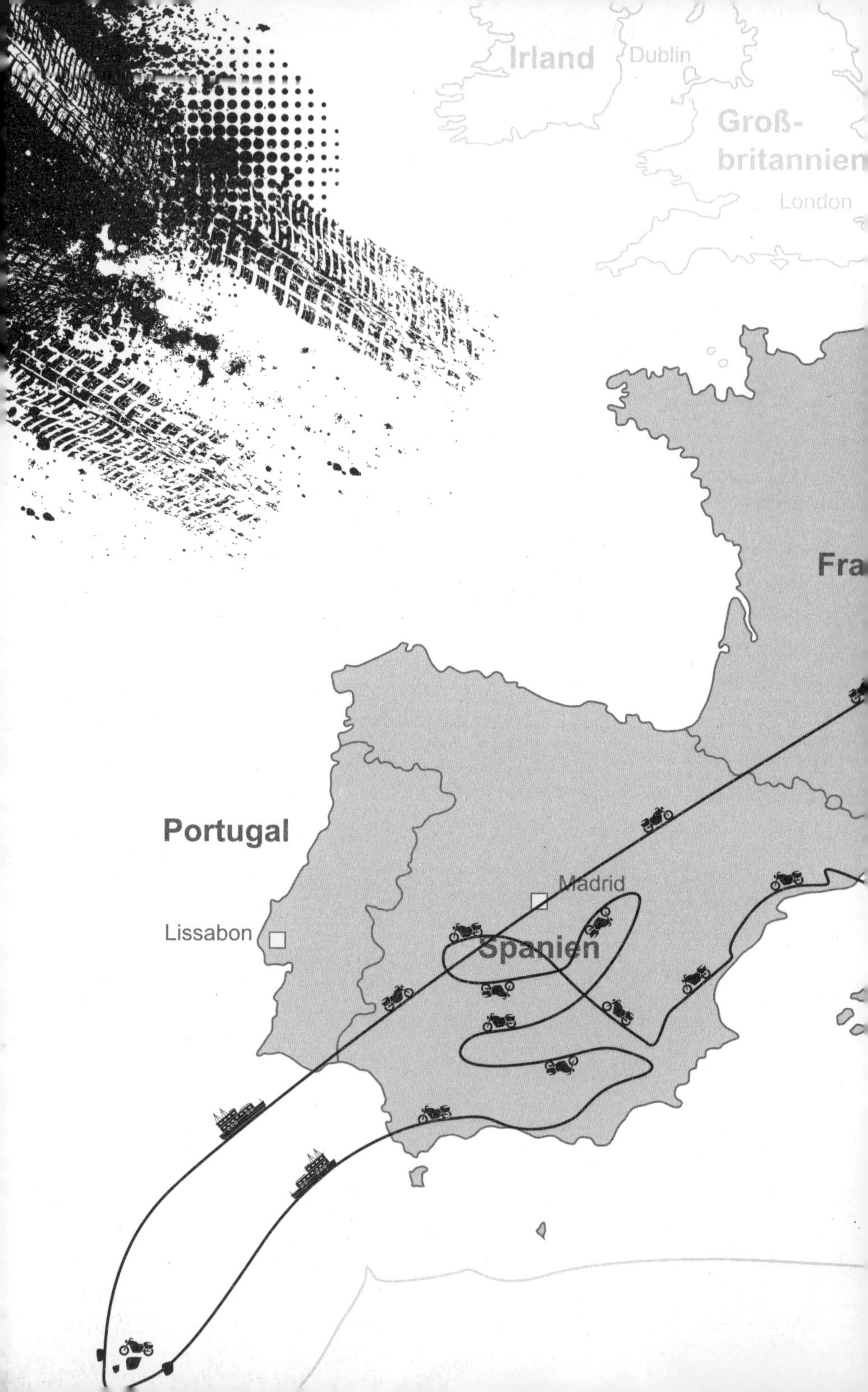
Irland
Dublin
Groß-
London
Portugal
Lissabon
Madrid
Spanien

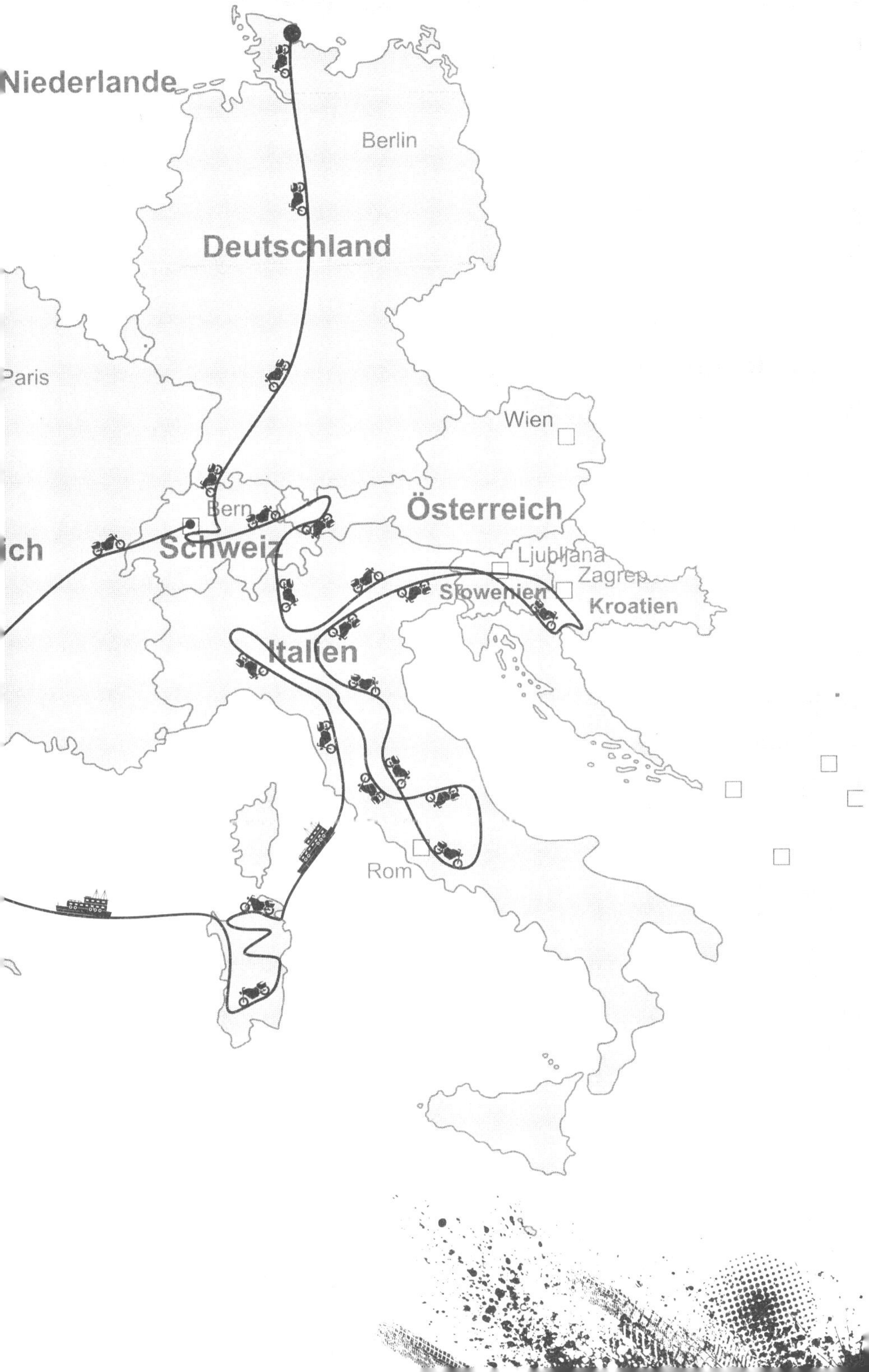

Niederlande
Berlin
Deutschland
Paris
Wien
Bern
Österreich
ich
Schweiz
Ljubljana
Zagreb
Slowenien
Kroatien
Italien
Rom

Kapitel 1
Der Weg ist das Ziel

Es war Ende Juli 2019 als die Ärzte mich für vollständig gesund erklärten. Meine Not-OP lag etwa ein halbes Jahr zurück. Trotzdem redeten sie wie wild auf mich ein. Jetzt zu reisen sei medizinisch nicht vertretbar, sagte man mir und hielt mich offenbar für komplett bescheuert. Die Operation sei zu frisch und mein Immunsystem noch zu schwach. Ich könnte jederzeit erneut erkranken und würde mich in unnötige Gefahr begeben. Meine Schmerzen im Kopf waren häufig noch stark, aber da es ohnehin hieß, sie sollten mich ein Leben lang begleiten, ließ mich das kalt. Jeder verdammte Ratschlag ging in das eine Ohr rein und aus dem anderen Ohr wieder raus. ›Wieder krank werden …‹, dachte ich. ›Grund genug, jetzt meinen Arsch vom Sofa zu befördern und die Welt zu entdecken! Wenn nicht jetzt, wann dann?‹, fragte ich mich und wollte die Denkweise der Ärzte nun einfach mal ignorieren. Nur einmal glücklich sein. Nur ein einziges Mal …

In meinen Gedanken ließ ich mich durch verschiedene Länder treiben und bestaunte die Landschaften. Ich heizte mit einem Motorrad um die Kurven und genoss grinsend den frischen Wind auf meiner Haut. Ich schien glücklich. So sehr wollte ich mir diesen Traum erfüllen. Den Traum vom Glücklichsein. Seit mir diese Idee im Krankenhausbett zum ersten Mal durch den Kopf ging. Ich bestand das Abitur. Doch mittlerweile war mir das eigentlich scheißegal. Was sagen Noten schon über dich aus? Bist du intelligent, nur weil du einen krassen Notendurchschnitt hast? Oder dumm, weil du nicht all deine Kraft in die Schule gesteckt hast? *Verdammt noch mal … wacht denn niemand auf?* Ich wollte mir den Stress nicht mehr geben. Ich brauchte eine Auszeit von all den funktionierenden Menschen um mich herum. Eine Auszeit vom Alltag. Ich hatte am eigenen Leib zu spüren bekommen, wie zerbrechlich das Leben war, und wollte weg. Ich *musste* weg. Meinen Traum leben und all die Scheiße hinter mir lassen. Ich auf dem Motorrad. Frei, auf unbestimmte Zeit.

Ich kramte meinen Laptop hervor. ›Ich hab nicht überlebt, um gleich nach dem Studium in der Arbeitswelt zu vergammeln‹, dachte ich. Und trotzdem wurde ich das Gefühl nicht los, in einer Zwickmühle zu stecken. Mit Arbeit hat man Geld, aber keine Zeit. Ohne Arbeit hat man Zeit, aber kein Geld. ›Kack-Systemfehler‹, dachte ich und fragte mich, wie weit ich ohne die großen Scheine wohl kommen würde. Ich bereitete mich auf meine Reise vor. Zumindest halbwegs. Die Route war mir egal, trotzdem schaute ich mir die Weltkarte an und fing an zu spekulieren. Als ich feststellte, wie viel davon unmöglich schien, klappte ich den Laptop wieder zu und machte es mir zum Ziel, das Unmögliche möglich zu machen. Geld ist am Ende auch nur Papier. Wird schon, dachte ich mir, wird schon. Meine Familie und mein Freund mussten mich für total bescheuert halten. Ich hatte keinen Plan und war mit meinen wirren Vorstellungen völlig alleine. Und doch ließen sie mich machen. In der Hoffnung, mich wieder lachen zu sehen. Die Reise war eine Chance, mir die guten Seiten dieser Welt zu zeigen. Ich musste so viel nachholen. Gute zwei Jahre hatte mir die Zyste geraubt. Zwei Jahre, in denen ich meine Jugend verpasst hatte. Zwei Jahre, in denen ich mich verloren hatte und all meine Träume hinten anstellte. Ich wollte nicht mehr zusehen, wie das Leben an mir vorbeizog.

Ohne viel Geld, ganz allein mit dem Motorrad durch die Länder cruisen. Ich hatte keine Vorstellung, wann es mich zurücktreiben würde, für mich sollte der Weg das Ziel sein. Wie aufregend würde es sein, nicht zu wissen, was am nächsten Tag auf mich zukommen würde? Nicht zu wissen, welche Menschen und Orte auf mich warten würden? Was schief oder besonders gut laufen würde? Das Ungewisse zog mich an. Schon bei dem Gedanken an Abenteuer bekam ich Bauchkribbeln und einen schnelleren Herzschlag. Ich wusste nicht mal, was ich machen sollte, wenn mein Motorrad mal versagen sollte. Schrauben konnte ich nicht. Wenn was kaputt geht, dachte ich mir, werde ich schon lernen, wie man die Dinge repariert. Ich war schon immer naiv. Doch diese Naivität ließ mich atmen, sie ließ mich leben. Denn ohne sie hätte ich immer nur nach Sicherheit gestrebt und nicht in mich und andere Menschen vertraut. Ich hätte diese Reise nie angetreten.

Vor meiner Abfahrt arbeitete ich wochenlang. Ich saß an einer Supermarktkasse und ackerte zusätzlich auf einem Bauernhof, um meinem Traum von der Reise näher zu kommen. Noch hatte ich Tage, an denen die Schmerzen zurückkehrten, aber schwächer und unbeständiger als zuvor. Ich hackte Holz. So lange und hart, bis meine Glieder es nicht mehr zuließen. Meine Hände waren wund, meine Nerven lagen blank. Trotzdem machte ich weiter und weiter. Bei jedem Schlag mit der Axt wusste ich, wofür ich kämpfte. Jeder Euro war ein weiterer Euro für den Traum vom eigenen Motorrad. Ein Motorrad, das mich über viele Grenzen dieser Welt führen sollte. Nach zwei Monaten Stress war ich am Ende. Mir liefen die Tränen ohne triftigen Grund über die Wangen. Ich fühlte mich leer und kaputt. Ich hatte mich dazu gezwungen, Tag für Tag weiterzumachen. ›Bis hierhin und keinen Schritt weiter!‹, dachte ich völlig fertig und schmiss meinen Job. Von meinen Schultern fiel eine riesige Last.

Ich machte mich auf die Suche nach einer günstigen Maschine. Mir war egal, wie das Bike aussah, wie alt es war oder wie viele Kilometer es bereits auf dem Buckel hatte. ›Hauptsache, der Ranz fährt‹, dachte ich mir und ergatterte schließlich eine Suzuki Bandit gsf 600. Realtalk, dieses Bike hatte kaum eine einzige Stelle, die nicht vom Rost befallen war. Nachdem die Reifen gewechselt, die Bremsen erneuert und der TÜV gerade noch so abgenommen worden war, sollte die Reise für mich starten.

Bei diesem Motorrad blieb mir nichts anderes übrig, als eine zusätzliche Versicherung für den Abschleppdienst abzuschließen. ›Klingt irgendwie deprimierend‹, dachte ich und wusste schon jetzt, dass es nur eine Frage der Zeit sein würde, bis der rostige Metallhaufen stehen bleiben würde ... Ohne ABS und ohne die Maschine je wirklich gefahren zu haben, brach ich auf.

Schon wenige Wochen später sollte ich herausfinden, wie es ist, ohne Geld zu überleben und das Motorrad kilometerweit zu schieben. Als könnte das Abenteuer keine zwei Minuten mehr warten, stopfte ich meine Stoffkoffer mit allem voll, was mir in dem Moment so als einigermaßen wichtig erschien. Darunter Zelt, Hängematte und Isomatte. Ein bisschen Werkzeug, ein paar Klamotten und meinen Schlafsack. Wertsachen, Messer und Zahnbürste. Zu guter Letzt einen rostigen Kocher. Steinalt und unbenutzt. Das musste reichen. Freunde drückten mir einen kleinen Plüschaffen in die Hand. »Pass auf dich auf!«, sagten sie und ließen mich gehen. Ohne große Furcht, weil wahrscheinlich alle sahen, wie sich mein trauriges Gesicht die letzten Tage vor der Abfahrt in ein breites Grinsen verwandelte. Ich betrachtete den Affen. Riesige, erwartungsvolle Glubschaugen. Sanft streichelte ich über den flauschigen Stoff und fühlte mich geborgen. Ich wusste, dass wir den Weg zu zweit gehen würden, der Affe und ich. Mit Kabelbinder schnürte ich ihn an meinen Lenker, lächelte und wusste, dass ich bereit war. Bereit für ein Abenteuer. Mein Abenteuer.

Es war Anfang August. Die Sonne schien, mein Motorrad war geputzt und das Ticket für einen Autozug Richtung Süden gebucht. Spontan. Ich versprach mir Sonne, geile Kurven und eine unvergessliche Zeit. Außerdem war das Ticket einigermaßen bezahlbar und ein guter Start ins nirgendwo. Mein Tank war gefüllt, meine Vorfreude groß. Mir blieben knapp 400 Euro für eine Reise auf unbestimmte Zeit. *Warte ... ich hab doch schon erwähnt, dass ich naiv bin, oder?*

Kapitel 2

Neustart

Ich verabschiedete mich von meiner Familie; von Mama, Papa und meinem Bruder. Menschen, die mich aus Liebe gehen ließen. Tief im Innern machten sich wahrscheinlich alle unvorstellbar große Sorgen und doch hielt mich niemand auf. Sie waren die, die mich so lange Zeit hatten leiden sehen. Mein Lachen war für sie Grund genug, mich gehen zu lassen. Ich drückte sie, als wäre es das letzte Mal, und gab meiner Mutter einen Kuss auf die Stirn. Zurück blieb Malte. Wenige Meter stand er vor mir, seine Augen mit Tränen gefüllt. Mir wurde schwindelig; wie konnte ich einen Menschen zurücklassen, der all die schwere Zeit an meiner Seite gewesen war? Der mir die Hand gehalten hatte, wenn ich weinte, die Haare aus dem Gesicht gestrichen und mich voller Liebe geküsst hatte? Mit zitternden Händen nahm ich sein Gesicht, schaute ihm in die Augen und gab ihm einen letzten Kuss auf den Mund. Sanft küsste er mir meine Tränen von der Wange, zog mich an sich heran und flüsterte mir ins Ohr, dass er mich liebe. Dann löste er seine Hand von meiner und ließ mich gehen. Er wusste, dass ich es brauchte, diese Zeit. Eine Reise allein. Nur das Motorrad und ich. Selbstfindung und Abenteuer. In seinen Augen konnte ich den Abschied sehen. Wir wussten es beide und doch sprach es niemand von uns aus. Ich ließ das Wertvollste in meinem Leben hinter mir, um meinen eigenen Weg zu gehen, mich zu finden.

Mit schwerem Herzen fuhr ich mein Motorrad in den wartenden Autozug am Bahnhof und betrat schluchzend die Stufen zu meinem Abteil. Ich zog die Vorhänge beiseite, um ein letztes Mal in das Gesicht meines Freundes zu blicken. Der Zug setzte sich langsam in Bewegung. Während eine weitere Träne über meine Wange kullerte, realisierte ich, dass ich gerade den Mann alleine zurückließ, der alles für mich getan hätte. Mit dem ich mir alles hätte vorstellen können, mit dem ich immer reden konnte. Egal, wie schlecht es mir ergangen war, er hatte mir ein zuversichtliches Lächeln geschenkt. Und jetzt war ich hier und gab ihm nicht einmal die Möglichkeit, mich zu begleiten. Dennoch wusste ich, dass es das Richtige war. Wir kannten nur noch die Zeit zu zweit. Wir gaben uns nicht den Raum, den wir beide brauchten, um herauszufinden, wer wir waren. Wir kannten uns gemeinsam, doch nicht mehr uns selbst. Ich wischte mir die Tränen aus dem Gesicht und behielt das Lächeln bei. Träume warten nicht. Meine nicht, seine nicht. Und wer weiß schon, ob die Liebe zweier Menschen durch Distanz und Zeit bestimmt wird? Ich riss mich zusammen, lächelte ihm zu und ließ die Vorhänge wieder fallen. Auf mich wartete ein Abenteuer. Das Ungewisse. Das, wovon ich so lange geträumt hatte. Freiheit!

Und ehe ich mich versah, raste der Zug auch schon über eine Brücke. Der starke Wind drückte gegen die Waggons und ließ die Bahn ratternd die Brücke überqueren. Ich beobachtete, wie die Sonne langsam über Hamburg unterging. Die Lichter der Stadt rauschten an mir vorbei, bis auch die letzten Sonnenstrahlen hinter dem Horizont verschwanden und die Nacht hereinbrach. Der Himmel war klar und ich betrachtete die Sterne. Das erste Mal seit langer Zeit genoss ich den Augenblick. Mit den Gedanken weder in der Zukunft noch in der Vergangenheit. Nein, endlich lebte ich im Moment. Auch wenn er kurz war, war er für mich bedeutend. Ein Moment der Freiheit. Frei in meinen Gedanken, frei in meinen Gefühlen und vor allem frei von Schmerz.

»Der erste Schritt, das Unmögliche möglich zu machen«, murmelte ich vor mich hin und dachte an die mahnenden Worte der Ärzte zurück. Hier begann der Neustart. Mein Neustart. Lächelnd schaute ich in die Ferne. *Wo mich die Reise wohl hinführen wird?* Die ersten Gäste fingen an, sich bettfertig zu machen und sich in ihr Abteil einzuschließen. Ich löste meinen Blick vom Sternenhimmel und fing an, munter durch die Gänge zu spazieren. Mit meinen gestreiften Wollsocken, meinem viel zu langen Pulli und einem Schokoriegel in der Hand fühlte ich mich wieder wie ein Kind. Ich lief an einem Spiegel vorbei. Mein Mund war schokoverschmiert und meine Augen noch immer glasig. Ich konnte mir ein Grinsen nicht verkneifen. Ich fühlte mich nicht nur wie ein Kind, ich benahm mich auch wie eins.

Die ganze Nacht blieb ich wach und lauschte gespannt den Geräuschen der Umgebung. Ich hatte Bauchschmerzen, ob vom Schokoriegel oder von der Aufregung, wusste ich nicht. Wenn ich den Zug irgendwann verlasse, würde ich nicht wissen, in welche Richtung ich als Nächstes fahren würde. Ich hatte die Wahl. Die Wahl zwischen zahlreichen Ländern dieser Welt. Es war egal, wohin ich gehen würde, und genau das fühlte sich so unfassbar gut an. Der Zug wurde langsamer. Wir hatten Lörrach erreicht. Mit schwerem Gepäck stieg ich die Stufen des Zuges herab. Vorsichtig setzte ich einen Fuß vor den anderen und stand schon kurze Zeit später auf dem Bahnsteig. Ich blendete die Menschen um mich herum aus, stellte die Motorradtaschen links und rechts von mir ab und ließ die Sonne auf mein Gesicht scheinen. Ich atmete tief ein und aus.

Die Reise hatte begonnen.

Mein Leben sollte von nun an aufregender, bereichernder, lehrreicher werden. Keine Termine würden mich in den Alltag zwingen, keine Planung Zeitdruck erzeugen und niemand mir den Weg weisen. Ich war allein und ich liebte es. Voller Vorfreude auf das, was mich erwarten würde, band ich meine Haare zu einem Pferdeschwanz zusammen, krempelte meine Ärmel hoch und ergriff meine Taschen. Während ich zum Motorrad lief, wurde mir bewusst, dass ich das Abenteurer soeben herausgefordert hatte. Schwitzend erreichte ich meine Suzuki. Die Hitze war ich gar nicht mehr gewohnt. Seelenruhig schnallte ich die Koffer auf das Heck und zog die Schnüre fest. Als ich fertig war und mich aufs Motorrad setzte, wurde mir bewusst, dass bereits alle Fahrzeuge den Zug verlassen hatten. Weiter vorne machte ein Mann mich darauf aufmerksam, dass ich die Ladefläche verlassen sollte. Schnell steckte ich den Schlüssel ins Schloss, startete die Maschine und drehte am Gas. Ungewissheit. Aufregung. Ich legte die ersten Kilometer zurück und betrachtete die Straße und die Gebäude, die an mir vorbei rauschten. Ein unbeschreibliches Gefühl überkam mich. Das waren die ersten Meter, die ich und meine Suzuki gemeinsam fuhren. Der Anfang von etwas ganz Großem. Der Anfang von 41.354 Kilometern.

Die Zeit verstrich. *Wie viel?* Keine Ahnung! Ich spürte den Moment, vergaß das Gefühl für die Zeit und genoss den Fahrtwind. Mit meiner Karre gurkte ich im Süden Deutschlands umher und fühlte mich unbeschreiblich frei. Irgendwie ... angekommen.

Knurrrr, machte mein Magen und holte mich zurück aus der kleinen Traumwelt, in der ich gerade schwebte. Ich hielt an einem Laden und kaufte mir Knäckebrot mit Marmelade. Während ich aß, kreisten meine Gedanken um die Reise. *Wo würde der Weg mich als Nächstes hinführen?* Ich lutschte mir die restliche Marmelade vom Finger und kramte mein Handy hervor. Die Schweiz war ganz nah. Ich machte mich auf den Weg. Auf den Weg in ein Land, in dem meine Reise starten, aber schon acht Monate später tragisch enden sollte.

Ich überquerte den Grenzübergang. In Google Maps hatte ich einen Ort in der Mitte der Schweiz angegeben. Über Landstraßen wollte ich so eine grobe Richtung beibehalten. Komisch war nur, dass sich die Route der App immer wieder änderte, sie führte mich entweder in Sackgassen oder über die Grenze zurück nach Deutschland. Während mein Tank sich immer weiter leerte, verlor ich auch das letzte bisschen Orientierung, das ich bis zu diesem Zeitpunkt noch besessen hatte.

Nachdem ich bereits das fünfte Mal an demselben Polizisten vorbeigefahren war, wurde mir klar, dass ich mich verfranzt hatte. Ich stoppte mein Motorrad, musste über mich selbst lachen und stellte dem Polizisten die wohl dümmste Frage, die er in seiner

Laufbahn so zu Ohren bekam. Mit einer Mischung aus Scham und Belustigung fragte ich ihn, ob ich mich gerade in der Schweiz oder doch noch in Deutschland befinde. Aua! Sein Blick war so verstört, dass sich mein Grinsen in einen fetten Kloß im Hals verwandelte. Verständnislos zeigte er auf die Autobahn und machte mir deutlich, dass ich mir eine Plakette kaufen sollte. Schweiz also. Damit hatte ich meine Antwort und fuhr die nächste Tanke an. Zwanzig Euro Sprit, vierzig Euro Jahresplakette für die Autobahnen und zehn Euro Essen. So ging das Geld flöten. Nicht einmal einen Tag hatte meine Reise überstanden und schon wurde das Konto gesprengt. Mir wurde bewusst, meine Kalkulation einer langen Reise war schlecht gewesen. Sehr schlecht.

Ich bezahlte und versuchte mich wieder an Google Maps. Ohne Erfolg. Immer wieder brach die Verbindung ab, die Route änderte sich oder die App schloss sich von allein. Ein Typ, der das Elend beobachtete, versuchte mir zu helfen. Auch er tippte wild auf meinem Handy herum. So lange, bis er kapierte, dass mein Tarif nicht außerhalb der EU gültig war. Mein Blick glich dem eines verlorenen Hundes. Ich checkte gar nichts. EU? Schweiz? Meine Allgemeinbildung war bescheiden. Sehr bescheiden! Ich wusste nicht mal, dass die Schweiz kein Mitglied der Europäischen Union war. Ja, das war der Moment, in dem ich mich fragte, wie ich es geschafft hatte, mein Abi zu bestehen.

Der junge Mann nahm es mit Humor. Trotzdem wurde ich knallrot. ›Mein Allgemeinwissen kann man echt in die Tonne treten‹, dachte ich und schaute beschämt zu Boden. ›Neue SIM-Karte?‹, fragte ich mich und bekam bei den Schweizer Preisen fast einen Herzinfarkt. Keine Option, erkannte ich und folgte dem Weg lieber ohne Navi. Die Zeit ohne Internet hatte begonnen, in der ich mich auf meine eigene Orientierung verlassen musste. Und die, wie man bereits feststellen konnte, war ein pures Desaster.

›Eine Landkarte wäre jetzt ganz nice‹, dachte ich mir. Dumm nur, dass ich so eine Karte vor wenigen Stunden noch für unnötigen Rentnerkram gehalten hatte.

Ich fuhr die nächste Autobahnausfahrt ab und verlor mich in den einsamen Straßen und der wunderschönen Aussicht. Das Wetter war traumhaft, meine Reifen eingefahren und die Straßen trocken. Während ich mich freudig in die Kurven legte, bemerkte ich einen leichten Druck auf meiner Blase. Immer wieder nahm ich mir vor, bei der nächsten Geraden zu halten. Doch meine Freude am Fahren war zu groß. ›Eine Kurve noch‹, dachte ich mir jedes Mal. ›Nur noch eine Kurve!‹

Ich fuhr also weiter, immer weiter. So lange, bis ich nicht mehr konnte. Ich musste richtig dringend pissen. Im allerletzten Moment hielt ich am Straßenrand an, zwängte mich aus der Lederkombi und hockte mich abseits in die Landschaft. Ein Grashalm pikte mich. ›Ja, eine Toilette ist schon Luxus‹, dachte ich mir und wurde mir darüber bewusst, dass mich die nächsten Wochen wohl öfter irgendwelche Grashalme an meiner Mumu nerven würden. Motorengeräusche. Ich erschrak. ›Verdammte Scheiße!‹, dachte ich, als ich den Pipistrahl für einen kurzen Moment aus den Augen verlor. What the fuck, stundenlang, ja, stundenlang kam mir nicht ein Auto entgegen. Aber jetzt, wo ich pinkelnd am Straßenrand hockte, fuhren gleich zwei Autos mit einer gefühlten Geschwindigkeit von null Stundenkilometern an mir vorbei. Während die Autofahrer das kostenlose Kino genossen, wäre ich am liebsten im Erdboden versunken. »Wieso müssen die so bescheuert glotzen?«, fragte ich mich, als unsere Blicke sich trafen.

›Puhhhh, das ist irgendwie verstörend‹, dachte ich, als die Autofahrer ihr Gaspedal zu suchen schienen. Ich drückte die letzten Tropfen Pipi raus, zog meine Hose hoch und schloss den Hosenstall.

Gut, die Autos nahmen wieder Geschwindigkeit auf und verschwanden hinter der nächsten Kurve. Ich atmete auf.

Zurück auf meiner Suzuki fuhr ich noch einige Stunden weiter. Die Aussicht auf die Schweizer Berge war einzigartig. Die Sonne ging langsam unter und der Himmel färbte sich blutrot. ›Zeit, pennen zu gehen‹, dachte ich. Ich hatte mein Zelt und meine Hängematte dabei. Wildcampen. Bisher war diese Vorstellung für mich pures Abenteuer. In diesem Moment aber überfiel mich Angst. Große Angst. Ich allein im Wald. Vergewaltigung und Mord schienen mir plötzlich so wahrscheinlich. ›Weib, was stimmt denn mit dir nicht?‹, fragte ich mich und hatte keine Ahnung, woher meine plötzliche Panik kam.

Und doch schien mir kein Ort sicher genug. In meinen Gedanken wimmelte es in den Wäldern nur von bösartigen Gestalten. »Niemals chillt ein Mörder hinter einem Baum, um dich abzustechen«, redete ich mir gut zu. Doch die dunklen Schatten am Wegesrand wirkten bedrohlich. Also fuhr ich weiter. Ich hatte mehr als 30 Stunden keinen Schlaf gehabt und merkte, wie meine Augen immer träger und mein Körper immer schlapper wurde. Irgendwann, schon kurz vor Mitternacht, stand ich der italienischen Grenze gegenüber. Italien? In diesem Moment wurde mir bewusst, wie spontan diese Reise war. Mein Gefühl hatte mir Österreich versprochen. Aber davon war ich weit entfernt.

Am Grenzübergang kramte ich meinen Ausweis heraus und führte mit den Zöllnern ein Gespräch über meine rostige Suzuki. Die ganze Zeit versuchte ich, meine Augen offen zu halten, um wenigstens ansatzweise fahrtüchtig zu wirken. Nach guten zehn Minuten passierte ich die Grenze. Dann wurde mir bewusst: Ich hatte allen Ernstes 40 Euro für einen einzigen Tag in der Schweiz ausgegeben. ›Ich bring mich um‹, dachte ich und schlug mir gegen die Stirn. Meine Absicht, das Geld gut einzuteilen, hatte komplett versagt. Auch in Italien änderte sich die Angst vor dem wilden Campen nicht. Wie so eine Bescheuerte fuhr ich immer weiter. ›Lang kann ich meine Augen nicht mehr offen halten‹, dachte ich und sah mich schon schlafend gegen den nächsten Baum fahren.

Völlig übermüdet und am Ende meiner Kräfte fuhr ich einen schlecht beleuchteten Parkplatz an. Ich war in Mailand. Mailand! Ich hatte wieder Internet und googelte nach dem günstigsten Hostel der Stadt. Der grelle Handybildschirm blendete mich. Noch während ich überlegte, ob ich mich einfach an Ort und Stelle in meinen Schlafsack legen sollte oder lieber 10 Euro für ein Bett ausgeben, kam eine kleine Gruppe Männer auf mich zu. Laut lachend überquerten sie den Parkplatz. Noch nahm ich sie gar nicht richtig wahr. ›Besoffene Kerle. Die verschwinden gleich wieder‹, dachte ich mir und widmete mich weiter meinem Handy.

Doch ich sollte mich irren. Die Typen bauten sich vor mir auf. Drei gut gebaute Männer. Mein Herz raste, meine Handinnenflächen fingen an zu schwitzen und meine Knie zitterten. Angst! Panik! Ich versuchte, meine Furcht zu unterdrücken und nach außen hin cool und stark zu wirken. Fragend zog ich eine Augenbraue hoch. Kurze Stille. Einer von ihnen schnipste seine Zigarette weg. Sie schien wie in Zeitlupe zu Boden zu fallen. Noch während ich die Funken der Zigarette im Blickfeld hatte, nahm ich eine rasche Bewegung im Hintergrund wahr. Ich schaute nach vorne. Nur noch zwei Typen. Wo war der Dritte? Ich drehte mich hektisch herum. Da! Da war er! Direkt vor mir. Schock! Ich schaute in kalte Augen. Augen, die durch mich hindurchstarrten. Ich fühlte mich klein. Wehrlos. Seine Fahne ließ vermuten, dass er mehr Alkohol im Blut als Gehirnzellen im Kopf hatte. Schneller, als ich gucken konnte, packte er mich am Rollkragen und drückte mich fest gegen mein Bike. Ich spürte, wie sich der Lenker in meinen Rücken bohrte. Schmerz. Keuchend schnappte ich nach Luft und versuchte, um Hilfe zu schreien, doch der Schmerz hatte mir die Stimme geraubt.

Ort:
Italien, Gardasee

Zeit:
August 2019

Besonderes:
Erste Klebeband-
Reparatur

Zustand Suzi:
Helm verkratzt,
Visier locker

Kapitel 3

Schockstarre

Ich rührte mich nicht vom Fleck. Mit meinen Augen suchte ich Hilfe. Die Blicke der anderen Männer waren starr in die Ferne gerichtet. ›Wehr dich, verdammte Scheiße‹, rief alles in mir. Doch ich bewegte mich nicht. Ich konnte nicht, so sehr ich auch wollte. Ich war wie versteinert. Ich ließ es einfach zu, dass jemand mich packte und gegen mein Motorrad drückte. Erst als der Schmerz mir nach und nach den Atem nahm, wachte ich aus meiner Schockstarre auf. Meine Augen waren weit aufgerissen, als ich dem Täter ins Gesicht rotzte.

›Mach irgendwas‹, dachte ich, innerlich verzweifelt. ›In die Eier!‹ Ich holte aus. Volle Elle rammte ich ihm mein Knie zwischen die Beine. Keine Reaktion. ›Okay‹, fragte ich mich, ›wo ist der Pimmel hin?‹ Ich holte noch mal aus. Wieder. Keine Reaktion! ›Verdammte Axt, was stimmt mit dem Kerl nicht?‹ Die Panik stieg weiter an. Ich drehte und wendete mich, versuchte meine Arme zu lösen. Keine Ahnung wie, aber ich schaffte es. Ich schaffte es, dass der Mann mich nicht mehr halten konnte. Ob ich ihn von mir weggetreten hatte, wusste ich nicht mehr. Zumindest hatte er den Halt verloren und lag vor mir auf dem Boden. Er verzog sein Gesicht, griff an seinen Ellenbogen und versuchte aufzustehen. ›Dein Ellenbogen. Ernsthaft?‹, fragte ich mich für eine Millisekunde und schnallte noch immer nicht, weshalb ihn seine Eier nicht schmerzten. Zusammengekrümmt lag er vor mir. Hätte ich mir vor Angst nicht fast in die Hose gepisst, hätte ich den Anblick länger genossen. Doch die Panik zog mich weg von diesem Ort. Ich griff schnell nach meinem Helm, setzte mich auf meine Suzuki, konnte mich aber kaum halten. Mein Körper war kurz vor dem Zusammenbruch. Ich steckte den Schlüssel ins Zündschloss und drehte. Knacken. Der Schlüssel brach ein Stück ein. Nicht jetzt, bitte nicht jetzt! Hektisch rüttelte ich am Schlüssel. Der Motor sprang an. Endlich. Ich gab Gas. Ich würgte ab. Ich rang mit meinen Tränen. Das Visier meines Helmes war beschlagen und doch riss ich mich zusammen. Flennen konnte ich später. Nicht jetzt! Unter Adrenalin startete ich mein Bike ein zweites Mal. Ich musste weg! Weg von den Männern. In letzter Sekunde wich ich einer Straßenlaterne aus und verschwand in der nächsten Seitenstraße. Hinter mir ein lallendes Brüllen, welches mit der Zeit schwächer wurde und schließlich ganz verhallte.

Ich fuhr immer weiter in die Stadt hinein. Als ich mich in einer einsamen Seitenstraße sicher fühlte, stellte ich das Motorrad ab und nahm mir Zeit, mich erst mal zu beruhigen. Zitternd legte ich meine Hand auf den Plüschaffen. Schlapp lehnte ich mich gegen ein Straßenschild und schloss für wenige Minuten meine Augen. So hatte ich mir die Reise nicht vorgestellt. Ich spürte eine Hand auf meiner Schulter. Langsam drehte ich mich um, in der Hoffnung, nicht erneut in eine brenzlige Situation zu gelangen. Das Erste, was ich sah, war eine Whiskyflasche und einen Joint in einer großen behaarten Männerhand. Ich merkte, wie meine Augen glasig wurden und meine Tränen auf die Straße tropften. Der Mann griff nach meiner Hand und versuchte mich zu trösten. Ich lehnte dankend ab und wandte mich von ihm weg. Als er daraufhin nach meiner Hüfte griff, war klar, worauf er hinauswollte. In mir drin schrie alles. ›Ist das widerlich!‹ Der Typ hatte sicherlich selten in ein so entsetztes Gesicht geblickt. Ich schob seine Hände von meiner Hüfte und flüchtete erneut auf meiner Suzuki. Im Rückspiegel konnte ich den Mann an seiner Whiskyflasche nuckeln sehen. Schwankend taumelte er durch die einsamen Gassen. ›Wer hat dem Typen ins Gehirn geschissen?‹, fragte ich mich wütend, als ich Ausschau nach einem Schlafplatz hielt. Mittlerweile wünschte ich mich zurück in eine einsame Gegend. Zurück in eine Gegend, in der mir niemand auf den Sack gehen konnte. Im Wald. Alleine. Mann, würde ich mich da jetzt sicher fühlen. Ich musste über meine Angst vor dem wilden Campen lachen. Ein einsamer Wald war wohl viel sicherer als eine von Menschen überfüllte Stadt. Ich fühlte mich so schlapp, so verdammt müde, so am Ende meiner Kraft. Ich wollte schlafen. Der Preis für ein Hostel war mir mittlerweile scheißegal geworden. Ich hätte in dem Moment alles gegeben, um einfach nur meine Augen schließen zu können.

Als ich das Schild eines Hostels entdeckte, fing ich an zu lächeln. Schlafen. Endlich! Dass alle Parkplätze belegt waren und ich mein Bike im Halteverbot abstellte, juckte mich in dem Moment nicht. Müde betrat ich das Treppenhaus. Ich schaute auf meine Gepäcktaschen. Taschen, die ich kaum noch tragen konnte. Die ich nicht mehr tragen wollte. Ein letztes Mal zwang ich mich dazu, stark zu sein. Noch ein Stockwerk. Nur noch ein Stockwerk ... Von Stufe zu Stufe wurde ich schwächer. Ich war kurz davor, zusammenzubrechen und an Ort und Stelle einzupennen. Der Schweiß lief an meiner Stirn herab, mein Herz raste und meine Glieder zitterten, als ich endlich die Tür zum Hostel öffnete.

Ich schaute aus einem Fenster. Benommen und erschöpft. Etliche Hochhäuser erstrahlten in der Nacht durch ihre grellen Lichter. Autos wirkten winzig klein. Doch die wunderschöne Aussicht über ganz Mailand nahm ich nicht mehr wahr. Ich wischte mir den Schweiß von der Stirn, trank etwas Wasser und stellte keuchend meine drei Taschen ab. Dann zog ich meine Lederkombi aus und lief zur Rezeption. Hinter dem Tresen blickte mir eine verdutzte Frau entgegen. Sie sagte nichts, hob nur stumm ihre Hand und zeigte zu ihrer Rechten. Ein Fahrstuhl. Da war ein fucking Fahrstuhl!? Die Treppen war ich heute wohl umsonst gestiegen. Frustriert zahlte ich 11 Euro für ein Bett und machte mich auf den Weg zu einem Gemeinschaftszimmer. 14 Betten. Entgegen kam mir eine fette Rauchwolke. Es war mitten in der Nacht. Die Musik war aufgedreht und die Joints der anderen Mitbewohner glühten. Dass das Fenster nicht geöffnet war, störte mich in dem Moment überhaupt nicht. Ich sah nur das Bett. Mein Bett. Weich. Gemütlich.

Im Halbschlaf strampelte ich meine Jogginghose aus und kuschelte mich in den Schlafsack. Ich lachte auf. ›Was zur Hölle ...?‹, fragte ich mich, während ich mich zur Ruhe zwang. Unmöglich! Ich schob einen Lachkrampf und war unhaltbar. Erst später wurde mir klar, dass ich gerade passiv high war.

Es war heiß. Viel zu heiß. Bei knappen dreißig Grad Außentemperatur und einem vollgequalmten Raum mit 14 Personen fand ich nur schwer meinen Schlaf. Dass ich meine ganzen Klamotten wegstrampelte, bemerkte ich nicht. Erst am nächsten Morgen stellte ich fest, dass alle Mitbewohner freien Blick auf meinen Arsch hatten. Das bisschen Unterwäsche an meinem Körper, brachte einen Scheiß. Ich fühlte mich nackt. Binnen Sekunden war ich hellwach. ›Wie zum Fuck hab ich es geschafft, meine Hose in die andere Ecke des Raumes zu schleudern?‹, fragte ich mich und bedeckte mich mit meinem Schlafsack. Eigentlich unnötig, gesehen hatte mich doch eh schon jeder. Und trotzdem, ich lag stocksteif im Bett und machte mir Gedanken, wie ich unbemerkt zu meiner Hose kommen könnte. Na ja, das Ganze endete damit, dass ich mich entschied, im Schlafsack zu meiner Hose zu hüpfen.

Baaaam! Ich rutschte aus und fand mich auf dem Boden wieder. Unbemerkt sah anders aus. Innerhalb von Sekunden hatte ich es geschafft, die volle Aufmerksamkeit aller Mitbewohner auf mich zu ziehen. Im Schlafsack versuchte ich aufzustehen. So lange, bis ich bemerkte, dass das nahezu unmöglich war. ›Ich muss so jämmerlich aussehen‹, dachte ich mir, fiel erneut hin und lief knallrot an. Nachdem ein junger Mann mir hochhalf, passierte das, was ich zu vermeiden versuchte. Der Schlafsack rutschte herunter. ›Ach, du heiliger Bimbam!‹, dachte ich, als jeder, wirklich jeder mich anguckte. In diesem Moment wurde mir klar, dass ich mir die letzte halbe Stunde umsonst Gedanken um meinen nackten Arsch gemacht hatte. Beschämt bedankte ich mich bei meinem Helfer, lief zwei Meter zu meiner Hose und zog sie in Windeseile über. So leicht konnte das also gehen.

Nachdem der Morgen so aufregend begonnen hatte, ging ich auf den Balkon. Erst jetzt bemerkte ich, wie schön die Aussicht über den Dächern Mailands war. Wahnsinn! Ich lehnte mich mit den Ellenbogen an das Geländer und schaute in die Tiefe. Ein atemberaubender Moment. Den gestrigen Tag ließ ich hinter mir und sog mit neuer Lebensenergie die Mailänder Stadtluft ein und vertrieb somit den ekelhaften Geruch der vom Kiffen verseuchten Bude der letzten Nacht. Bis jetzt war fast alles schiefgelaufen, was hätte schieflaufen können. ›Zeit, mich hier zu verpissen‹, dachte ich packte meine Sachen zusammen und nahm dieses Mal den Fahrstuhl.

Mein ganzer Körper schmerzte. Die Treppen und das lange Sitzen auf dem Bike machten sich jetzt mit Muskelkater bemerkbar. Bei 45 Grad Sonnenschein und in Lederkombi eingepackt, betrat ich die Straße. Ich schleppte mein Gepäck zum Motorrad und schnallte es auf. Dann der Schock! An meinem Bike klebte ein Strafzettel. ›Fuuuuuck! Ich bin die hohlste Birne in der EU‹, dachte ich mir, als ich sah, wie offensichtlich ich im Parkverbot gehalten hatte. Ja, in meinem Portemonnaie war jetzt der eine oder andere Schein weniger. No pain, no gain. Ich schaute frustriert auf Google Maps, in welche Richtung ich weiterfahren könnte. Während ich mich entschied, den Gardasee anzusteuern, gab es einen Knall. Kurze Stille. Dann ein Knirschen, das sich langsam entfernte. Nein! Mein Helm kullerte gemütlich die Straße hinunter. Dabei verlor er das Visier, die Schrauben und zog sich Schrammen zu. Ich sprang auf und suchte alle Einzelteile zusammen. Dass ich gerade blind über eine Straße lief, bemerkte ich erst, als ein Rollerfahrer hupend auswich. ›Wie kann man nur so dumm sein und den Helm auf die Sitzbank legen?‹, fragte ich mich und begutachtete meinen neuen Helm. ›War mal neu‹, dachte ich mir, als ich die vielen Kratzer im Lack sah. Beim Versuch, mein Visier wieder zu befestigen, rutschten mir die Schrauben immer wieder aus der Hand. Die 45 Grad und der triefende Schweiß unter der Schutzkleidung waren nicht hilfreich. Aggressionen kamen in mir hoch. Kurz davor, das Visier einfach kaputtzutreten, schaffte ich es, es zu reparieren. Endlich. Die Reise konnte weitergehen.

Ich genoss den Fahrtwind und ließ mich durch die Stadt treiben. Nach einiger Zeit führte mich der Weg auf eine Landstraße, die immer einsamer wurde. Raus aus der Stadt. Raus aus Mailand. Der Verkehr und das laute Getümmel von Menschen waren mir fremd. Ich fühlte mich unwohl und beklommen. ›Hauptsache, weg‹, dachte ich mir und drehte am Gas. Als ich immer mehr Geschwindigkeit aufnahm, löste sich eine Schraube der Visierhalterung und das Visier fing an zu flattern. »Maaaaaaann!«, schrie ich laut vor mich hin und bremste herunter. Zu diesem Zeitpunkt behalf ich mir das erste Mal mit Klebeband. Noch war die Rolle voll. Noch. Mit einem Helm voller Kratzer und Klebeband ließ ich mich weiter Richtung Osten treiben. Ich schaute auf meinen Plüschaffen hinab und befahl ihm, mir gefälligst etwas mehr Glück zu bringen.

Nach acht planlosen Stunden Fahrt, kreuz und quer durchs Nirgendwo, erreichte ich in der Dämmerung den Gardasee. Zum ersten Mal dachte ich wieder zurück an meinen Freund. Eine Beziehung, von der wohl keiner von uns beiden wusste, wie sie enden würde. Ich stellte das Motorrad ab, zog meine Lederkombi aus und meinen Bikini an. Das Wasser glitzerte in der Abendsonne und ließ nur darauf warten hineinzuspringen. Das Gefühl, wenn du in den Wellen treibst, deine Augen schließt und den Augenblick genießen kannst! Unbeschreiblich! Momente, die dir niemand mehr nehmen kann. Und doch fehlte mir etwas. Malte. Mir fehlte seine Hand. Eine Hand, die mir immer Halt und Wärme schenkte. Halt, auf den ich jetzt verzichtete. Halt, den ich vermisste.

Kapitel 4
Ouzo rockt die Seele

Noch im Wasser dachte ich an die letzten Monate zurück und war unendlich dankbar darüber, gesund im Wasser treiben zu dürfen. Mit glasigen Augen schaute ich in den Himmel und ließ die Abendsonne auf mein Gesicht strahlen. Ich verlor die Zeit, wann ich wieder aus dem Wasser stieg, wusste ich nicht mehr. In dieser Nacht war meine Einstellung zum Wildcampen schon deutlich positiver. Ich dachte an die Nacht zurück und fühlte mich bei dem Gedanken an einen einsamen Wald schon viel sicherer. ›Viel schlimmer als in Mailand kann es ja kaum werden‹, dachte ich und nahm meinen Mut zusammen. Mit dem Bike fuhr ich in einen Wald und hängte meine Hängematte zwischen zwei Bäumen auf.

Der Platz war leise und unberührt. Mittlerweile war es stockduster, nur weit entfernte Lichter spendeten ein wenig Licht. Rund herum war es grün, Bäume und Gräser. Ein Vogel zwitscherte, als ich mich in meine Hängematte setzte und den Ort auf mich wirken ließ. Ich mummelte mich in meinen Schlafsack und richtete den Blick zu den Sternen. Auch wenn mir bewusst war, dass ich hier wohl einigermaßen sicher war, war mir unwohl zumute. Knaaack. Ein Ast. In Windeseile drehte ich mich um. Ich wollte nicht, dass mich die Angst packte. Und doch fing ich an zu zittern. Ich merkte, wie ich tonnenweise Schweiß produzierte und mit aller Kraft versuchte, ruhig zu bleiben. Nicht bewegen! Noch ein Knacken! Ich saß stocksteif da, meine Augen weit aufgerissen. Meine Hände ballte ich zu Fäusten, bereit, dem Monster eins um die Ohren zu hauen. Grrrrr. Ich musste zweimal hinhören, bevor ich checkte, dass ein Rebhuhn mir gerade fast einen Herzinfarkt beschert hatte. »Verdammte Axt«, flüsterte ich und schaute mich um. »So ein kleines Vieh und ich scheiß mir vor Angst fast in die Hose.« Nur langsam beruhigte sich mein Puls wieder.

Das, liebe Leute, war der Zeitpunkt meiner Reise, an dem ich schnallte, dass sich die Angst nur in meinem Kopf abspielte.

Was zum Teufel sollte mir in einem Wald irgendwo am Arsch der Welt schon groß passieren? Mörder, Vergewaltiger? Ja, aber doch nicht mitten in der Pampa! Dass irgendein Mensch, random, in einen Wald reinspazierte, um ein junges Mädel abzustechen, war eher unwahrscheinlich. Ich lehnte mich in meiner Hängematte zurück und schaffte es doch tatsächlich, mich zu entspannen und ein Gefühl von Sicherheit zu gewinnen. Ich beobachtete die Lichter des Universums und ließ meinen Gedanken freien Lauf. Mir wurde bewusst, wie klein und unbedeutend die Menschen sind. Wir leben vielleicht 100 Jahre auf einer winzigen Welt, in einem doch so riesigen Universum, um am Ende unter der Erde zu vergammeln. Wir haben so wenig Zeit. So verdammt wenig Zeit … Am

Ende sind wir doch auch nur ein klitzekleiner Augenblick von etwas ständig Fortlaufendem. Verdammt, wir können tun und lassen, was wir wollen! Alles wird vergessen, so unbedeutend und unfassbar klein sind wir.

Da! Eine Sternschnuppe riss mich aus meinen Gedanken. Die erste Schnuppe auf meiner Reise. Ich sah dabei zu, wie sie den Himmel kurz durchstreifte, um danach für immer zu erlöschen. ›Jedes Leben ist irgendwann vorbei‹, dachte ich mir und schloss meine Augen. Ich wünschte mir mehr Momente wie diesen. Mehr Momente, die mich aus dem Alltag rissen und mich lehrten, meine Zeit wertzuschätzen. Ich wollte öfter in meiner Hängematte baumeln und in den Sternenhimmel blicken. Ich wollte öfter das Gefühl von Einzigartigkeit und Freiheit spüren. Der Blick in den Himmel gab mir so viel. So verdammt viel. ›Wie viele Sternschnuppen ich auf meiner Reise noch sehen werde?‹, fragte ich mich und malte mir aus, wie viele Milliarden Jahre sie einen Ort hell erleuchteten, bevor sie dann für alle Zeit verschwanden. ›Ob ich meine Reise so lange fortsetzen kann, bis ich 1000 Schnuppen gezählt hab?‹, fragte ich mich und merkte, wie unmöglich es mir erschien. Es klang mehr wie ein irrealer Traum. Ein Traum, der vielleicht gerade deshalb irgendwann in Erfüllung gehen sollte.

Nass. Mein Schlafsack war pitschnass. Es waren gefühlte 500 Grad, als ich am Vormittag erwachte. Die Sonne knallte in mein Gesicht und ich bemerkte, dass meine Haut brannte. ›Hätte ich mir gestern Abend doch einfach nur gewünscht, nicht in der Sonne zu verkokeln‹, dachte ich mir und sprang aus der Hängematte. Na ja, wenigstens hatte ich dafür jetzt noch weitere 999 Sternschnuppen Zeit ... Barfuß stapfte ich über den Waldboden und genoss die trockene Erde unter meinen Füßen. Ich streckte die Arme in die

Luft und gähnte laut vor mich hin. Schmerz. Ich blickte nach unten. Blut. Einzelne Grashalme färbten sich rot, als mein kleiner Zeh an einer Baumwurzel hängen blieb. »Auuutsch!«, rief ich und wartete die ersten schmerzhaften Sekunden ab. In meinen Motorradtaschen suchte ich nach Pflastern und klebte schließlich eins nach dem anderen auf die Wunde. So viele, bis das Blut nicht mehr durchsickerte. Glücklich über meine medizinischen Fähigkeiten, lachte ich leise auf und machte mich fertig für die Weiterfahrt.

Die nächsten Tage verliefen ähnlich. Ich schlief unter freiem Himmel und bemerkte, wie ich mich in der Natur immer sicherer fühlte. Meine Ängste flauten ab, bis sie schließlich ganz verschwanden. Das wenige Geld, das ich noch besaß, verschwand nach und nach in meinem Tank. Doch jeder weitere Liter Benzin schenkte mir wunderschöne Straßen, unbezahlbare Aussichten und einzigartige Momente. Ich genoss die Zeit sehr. Die Zeit alleine. Nur der Affe, mein Bike und ich.

Ohne es wirklich zu merken, machte ich ordentlich Strecke. Ich erkundete Italien, Slowenien und überfuhr schließlich die Grenze nach Kroatien. Gerade einmal zwei Wochen war ich unterwegs und hatte schon ganze vier Länder durchfahren. Zwei Wochen, die mir vorkamen wie eine halbe Ewigkeit. Weil ich endlich lebte! Diese ersten Tage meiner Reise gaben mir mehr als alles jemals zuvor. Klingt weird, war aber so. All das Neue, all das Aufregende ließ mich aufblühen. Endlich. Jede Nacht wurde zum unvergesslichen Abenteuer meines Lebens. Das einfache Übernachten in meinem Schlafsack noch so neu, das Baumeln in der Hängematte so verdammt ungewohnt. Die paar Utensilien, die ich vor wenigen Wochen in meinen Koffer gestopft hatte, hatten sich mittlerweile bewährt. Wie der letzte Depp hatte ich nach dem billigsten Zeug gegriffen. Immer. Nur bei dem Schlafsack nicht. Ein Tipp, den ich jedem da draußen ans Herz legen möchte. Kauft niemals, wirklich niemals einen schlechten Schlafsack (außer ihr chillt nur bei Temperaturen über 20 Grad). Ihr werdet euch in der Kälte wünschen zu verrecken ... Also lasst es einfach. Einfach lassen!

In Kroatien wusste ich nicht so recht wohin mit mir. Zu viele Straßen, die zum Fahren, zu viele Strände, die zum Entspannen einluden. Die Sonne knallte und ich schwitzte mich unter meiner Kombi fast zu Tode. ›Bahhh‹, dachte ich, als ich mich fragte, wann ich mich das letzte Mal gewaschen hatte. Ich spürte, wie der Schweiß meinen Rücken runterrollte, als ich an einer roten Ampel stoppte. Ich schwöre es euch ... was mir so richtig auf die Eierstöcke geht, sind rote Ampeln. Rote Ampeln bei knappen 40 Grad. »Ist ja nicht so, als ob ich so nicht schon fast in meiner Lederkombi sterben würde ...« Ich wartete, bis die Ampel schließlich wieder auf Grün sprang.

Es war Zeit, baden zu gehen. Ich hielt die Hitze kaum noch aus. Planlos fuhr ich die Straßen entlang und suchte mir einen kleinen Weg, der schließlich zu einem einsamen Strand führte. Ich riss mir die Kombi vom Leib, sah mich nach links und rechts um. Niemand da. Unterhose aus und ab ins Wasser. »Fuck, das ist besser als jeder Sex!« Ich merkte, wie mein Körper sich zu entspannen begann.

Später am Abend kaufte ich mir Nudeln. Nudeln ohne Soße. Ein Experiment begann. Bisher hatte ich meinen rostigen Kocher nicht hervorgekramt, sondern in einer Tüte vergammeln lassen. Die Zeiten, in denen ich mich von nacktem Brot ohne Aufstrich ernährt hatte, waren ab heute vorbei. Gas, Nudelpackung und Kocher standen vor mir im Sand. Wirklich eine Ahnung davon, wie die Grütze funktionierte, hatte ich ja nicht. Trotzdem, es war verdammt leicht, das Ganze herauszufinden und schließlich die Nudeln zu kochen. Für Leute, die geldlich genauso RIP sind wie ich: Füllt den Topf zur Hälfte mit stillem Wasser und zur anderen Hälfte mit Salzwasser. So spart ihr euch das Salz. Ich wartete zehn Minuten, sah dabei zu, wie das Wasser zu brutzeln begann und fischte mir schließlich die Nudeln aus dem Topf. Köstlich. Ein metallisch-salziger Geschmack auf der Zunge. Der Hunger ließ mich die Nudeln wie ein Festmahl hinunterschlingen und anschließend in Müdigkeit verfallen.

Jeden Tag mein Zelt auf- und abzubauen, zig Kilometer hinlegen, nicht zu wissen, wo man die nächste Nacht schläft, und all die neuen Eindrücke … Ich merkte, wie schlapp ich eigentlich war und die Ruhe am Strand für eine Weile genoss. Ohne Verpflichtungen und entspannt legte ich mich in den weichen Sand. Ich richtete den Kopf gen Himmel und schloss die Augen.

Brummm … hörte ich meinen eigenen Auspuff im Ohr. Kennt ihr das, wenn ihr den ganzen Tag Motorrad fahrt, den einen oder anderen Tunnel mitgehen lasst und euch am Abend der Tinnitus einholt? Bruder, war der laut. Lauter als das Meeresrauschen. Belastend. Einfach nur belastend. Ohne Isomatte unter meinem Arsch und dem Schlafsack über mir, schlief ich schließlich ein. Eine Nacht wie jede andere auch. Aufregend. Anders. In den letzten Tagen hatte ich wirklich überall geschlafen. Auf der Straße, am Strand, in den Wäldern, den Städten und den Bergen. Überall da, wo es sich zum Schlafen so anbot. Diese Nacht war dann eher unbequem … gut, dass ich irgendwann zu meinem Handy griff und sah, dass Finn und Rico, zwei Freunde von mir, ebenfalls in der Gegend um Medulin Urlaub machten. Die Jungs und ich sind im gleichen Dorf aufgewachsen, also gesellte ich mich kurzerhand dazu.

Ein Blick rechts, ein Blick links. Zack! Wie ein behindertes Huhn rannte ich an einer Campingplatz–Wache vorbei und schmuggelte mich mit auf den Camper-Stellplatz der beiden Jungs. Bezahlen? Von welchem Geld, verdammte Scheiße? Mein Portemonnaie leerte sich ohnehin immer mehr. Ich blickte auf meine letzten 100 Euro. Finn drückte mir ein kaltes Bier in die Hand und stieß mit mir an. Ich genoss das kühle Prickeln auf der Zunge und die warme Abendsonne auf der Haut. Ich war glücklich. Durch und durch. Ein Gefühl, das ich die letzten Monate so vermisst hatte. Glücklich sein. Ein Gefühl, zu dem ich langsam wieder zurückfand.

Die Sonne verschwand hinter dem Horizont, als wir unser Bier leerten. Ich war bereits angetrunken, als wir uns dazu entschieden, feiern zu gehen. Getanzt hatte ich in meinem Leben noch nie. Zu sehr hatten mich meine Krankheiten aufgehalten und mir einen Teil meiner Jugend geraubt. Laute Geräusche, stickige Luft, Alkohol. Das alles hätte meine Schmerzen damals nur verschlimmert. ›Wenigstens hab ich eine Ausrede, warum ich mich auf der Tanzfläche bewege wie der letzte Affe‹, dachte ich mir und machte mich fertig für die Disco. Ich kämmte mir die Haare, zog mein heißestes Top an und quetschte mich in meine Motorradschuhe. Dann zog ich den Reißverschluss nach oben. Na ja, zumindest war das mein Plan. Ein Plan, der jämmerlich scheiterte. Ihr müsst wissen, meine Schuhe sahen aus wie der letzte Müllhaufen. Die Sohle hing hinunter, die Löcher konnte ich kaum noch zählen und der Reißverschluss war auch noch im Arsch. Shit happens. Ich war irgendwie stolz darauf, dass sie mich bereits seit 7 Jahren begleiteten. Und Leute, sind wir doch mal ehrlich, wozu gibt es Klebeband? Übermotiviert holte ich mein Messer und mein Klebeband aus der Bauchtasche. Ich schnitt ein ordentliches Stück von der Rolle ab und fing an, meinen Schuh mit Klebeband vollzuklatschen. Hier noch ein

Loch und da noch ein Loch zukleben. Fertig! Ich lief den Campingplatz rauf und wieder runter. Die Sohle hielt. ›Krasser Bauarbeiter‹, sagte ich zu mir selbst und klopfte mir zweimal auf die Schulter. Die Party konnte beginnen. Ich lief freudig zu den beiden Jungs und öffnete deren Wohnwagentür. Kotz! Fast hätte mich eine Deowolke erstickt. Rico knallte sich so übertrieben viel Haarspray auf den Kopf, dass ich mich fragte, wie der Typ überhaupt noch atmen konnte.

Als Ricos Friese endlich saß, liefen wir hinunter in die Stadt. ›Mann, bin ich kriminell!‹, dachte ich mir, als ich mich ohne Bezahlung durch die Hintertür einer Diskothek quetschte. Laute Musik, grelle Lichter und tanzende Leute. Party. Etwas, das ich vorher nie erlebt hatte. Nie! Immer war ich krank gewesen, hatte mich schlapp gefühlt und hatte nicht rausgekonnt. ›Du lässt dir das Leben jetzt nicht von der Vergangenheit versauen‹, sagte ich mir selbst und schwor mir an dem Abend, all die verpassten Drinks, die verpassten Tänze und die gute Laune nachzuholen. Gesagt, getan. Ich kippte einen Ouzo nach dem anderen in mich hinein. »Junge, schmeckt das gut!« Ich war kaum aufzuhalten. Dumm nur, dass ich vorher nie trinken war, denn so fand ich erst heute heraus, wie teuer ein Besäufnis sein kann.

Ich stand an der Bar, bereit, weitere Kurze zu kaufen. Beschwipst griff ich nach meinem Portemonnaie und sollte feststellen, dass ich gerade die letzten drei Euro für einen Kurzen ausgab.

»Aus die Maus!«, lachte ich breit und kippte den letzten Ouzo hinunter. Ich war stockbesoffen. Mit Finn und Rico ließ ich mich auf der Tanzfläche treiben. Erst als die Musik leise gedreht wurde und die Lichter aufhörten zu tanzen, verließen wir die Disco. Die Nacht war zu Ende. Schade, denn es war eine Nacht, die in meinem Leben immer unvergesslich bleiben sollte. Was für viele wie eine normale Party klingen mag, war für mich das erste Mal richtig ausgehen. Das erste Mal richtig feiern und über meinen Durst trinken. Das erste Mal eine Disco verlassen und der aufgehenden Sonne entgegenlaufen. Ein Stück weit Erwachsen werden, auch wenn ich dafür mein ganzes Geld auf den Kopf haute. Realtalk, jeder verdammte Cent war es wert. Ich hatte gerade die Zeit meines Lebens und keinen Kopf für meine Geldsorgen. ›Wird schon alles‹, dachte ich mir. Wird schon.

Gackernd taumelten die Jungs und ich zurück zum Campingplatz. Der Weg führte uns durch kleine Gassen bis hin zum Meer. Das Morgengrauen ließ das Wasser glitzern und den Horizont in hellem Rot erstrahlen. Ohne meinen Kopf einzuschalten, sprang ich ins Wasser. Egal, was morgen oder übermorgen sein würde; dieser Moment zählte. Ein Moment, den mir niemand wieder nehmen konnte. Glücklich und zufrieden stapfte ich aus dem Wasser und folgte Finn und Rico zu unserem Stellplatz zurück. Ich hatte meine Hängematte zwischen den Bäumen aufgehängt und kuschelte mich jetzt in meinen Schlafsack. Im Wind schaukelte die Matte sanft hin und her.

»Nicht kotzen!« Ich konzentrierte mich darauf, den Ouzo nicht wieder auszureihern. »Das gute Geld«, flüsterte ich und riss mich mit aller Kraft zusammen. Die tausend Mücken, die mich währenddessen attackierten, nahm ich gar nicht mehr wahr. Erst als ich gegen Mittag aufwachte und 43 Mückenstiche zählte, war mir klar, wie besoffen ich am Abend zuvor gewesen sein musste. ›Junge, ich sehe aus, als ob ich die Masern hätte‹, dachte ich und schaute an mir herunter. »Belastend«, sagte ich und fing an, die ersten Stiche aufzukratzen.

Ich schlüpfte in meine Motorradschuhe. ›Was zum Teufel?‹, fragte ich mich, als es bei jedem meiner Schritte in den Motorradschuhen platschte. *War ich gestern echt zu dumm gewesen, die vorm Badengehen auszuziehen?* Wahrscheinlich, denn meine Socken waren klitschnass …

Ort:
Kroatien, Medulin

Zeit:
August 2019

Besonderes:
Komplett pleite

Zustand Suzi:
Blinker zerbrochen,
Rückspiegel verdreht

Kapitel 5
Wenn aus Haaren Glatze wird

Wenige Tage verstrichen. Tage, in denen ich glücklich war. Alles war perfekt. Alles! Und doch sollten sich die Wege von den Jungs und mir wieder trennen. Meine Reise ging weiter, während die der Jungs nun langsam ein Ende fand. Früh am Morgen winkte ich ihnen zum Abschied zu. ›Ach, du meine Güte‹, dachte ich, als ihr Wohnwagen hinter den Bäumen verschwand. »Ich bin am Arsch. Vollkommen am Arsch!«, flüsterte ich. Die nächsten Tage würden kein Zuckerschlecken werden. Kein Geld, kein Plan und völlig alleine. *Willkommen in der Welt des Affen.*

Auch wenn ich das eine oder andere Mal meinen Verstand nicht zu nutzen schien, merkte ich, wie ich langsam zu mir selbst fand. Ich gewann mein Lächeln zurück. Ich gewann meine Lebensenergie zurück und ein Gefühl von Glücklichsein! Auf mich warteten Erzählungen, Erlebnisse und Geschichten, die mich berühren würden, an denen ich wachsen konnte, die ich verstand und weitergeben konnte. Auf mich wartete das pure Abenteuer, das mich aus dem System riss: Kindergarten, Schule, Arbeit oder Studium, Rente und dann der Tod. Keine Zeit für sich selbst. Ein System, das mich unglücklich machte und mir ein Gefühl des Eingesperrtseins vermittelte. Oft dachte ich darüber nach und merkte, wie falsch mir all das vorkam.

Ich zog mir den Helm auf den Kopf, schwang mich auf mein Bike und verließ den Campingplatz, ohne einen einzigen Cent zu zahlen. Ich fühlte mich hardcore kriminell. Voller Scham fuhr ich mit meinem Bike an der Rezeption vorbei und sah dem skeptischen Blick einer älteren Dame entgegen. »Ufff«, flüsterte ich, als ich vorbei war, und fühlte mich wirklich schlecht.

Nachdem ich Medulin hinter mir gelassen hatte, genoss ich das Geräusch meines laufenden Motors. Ich fuhr langsam. »Wir wollen ja nicht zu viel von dem kostbaren Sprit verballern«, lachte ich und schaute auf meinen Affen hinab. Ich öffnete mein Visier, genoss die Sonnenstrahlen auf meiner Haut und atmete die frische Luft ein. Während die Straße, auf der ich fuhr, immer steiniger und schmaler wurde, wurde die Landschaft um mich herum immer atemberaubender. Riesige Bäume reihten sich am Wegesrand.

Ich ließ den Motor aufheulen und beobachtete, wie die Vögel kreischend aus den Baumkronen emporflogen. Noch einige Zeit folgte ich dem idyllischen Weg. So lange, bis er schließlich endete und sich eine kleine Wiese vor mir auftat. Hinter ihr ein Wald. Drei kreativ bemalte VW-Busse standen mittendrin. Ich stellte mein Motorrad ab und legte meinen Helm und die Kombi über meinen Lenker. Nachdem ich meinen Schlüssel aus dem Schloss gezogen hatte, stapfte ich rüber zum angrenzenden Wald und folgte einem kleinen Weg. Nach einiger Zeit erreichte ich den wohl schönsten

Ort, den ich bis zu diesem Zeitpunkt jemals gesehen hatte. Vor mir taten sich Klippen auf. Ich lief zum Rand und schaute hinunter. Das Meer war glasklar und die Aussicht war von hier oben unbeschreiblich schön. Wenige Kilometer weiter erhoben sich kleine Inseln aus dem Wasser. Der Sandstrand zog sich bis weit vor das Ufer und ließ das Wasser um die Inseln herum hellblau glitzern. ›So stelle ich mir die Malediven vor‹, dachte ich und setzte mich auf den Rand der Klippe, um die Aussicht auf mich wirken zu lassen.

»Aaahhhh!« Ein Schrei durchriss die Stille. Eine kleine Gruppe von Menschen kam auf mich zugerannt und stürzte sich von den Klippen. Hippies. Ich war mir sicher, dass ihnen die Busse gehörten, neben denen ich mein Bike abgestellt hatte. Einer von ihnen machte einen Salto, der nächste einen Köpper mit wilden Umdrehungen. Ich war beeindruckt. Es waren Sprünge aus guten zehn Metern Höhe. Sprünge, die ich mich nie getraut hätte zu machen. Nie! Höhe war einfach nicht meins. Vorsichtig schaute ich nach unten, um sicherzugehen, dass alle noch am Leben waren. Wie gruselig es sein musste, von hier aus ins Meer zu springen. Die Felsen unter Wasser schienen durch das klare Wasser so verdammt nah. Sicherlich war das Meer hier tief genug und doch hatte ich ein mulmiges Gefühl, als ich weiter den Leuten zusah, wie sie sich nach und nach ins Wasser stürzten.

Einer von ihnen entdeckte mich, winkte mir zu und rief auf Englisch: »Komm runter!« Schnell versteckte ich mich und verfiel in eine Schockstarre. Allein die Vorstellung, wie ich von der Klippe springe, sorgte bei mir für einen kaum ertragbaren Schwindel. Lautes Lachen. Diese Gruppe schien so verdammt glücklich. So gerne würde ich mich ihnen anschließen und Dinge wagen, die ich normalerweise nie wagen würde. *Aber hier runterspringen?* Keine Option für mich! Eine junge Frau kletterte die flachen Felsen hinauf und lief grinsend auf mich zu. Sie hatte nur ein knallbuntes Bikiniunterteil an, ihre langen Dreadlocks verdeckten ihren Busen. Völlig selbstverständlich umarmte sie mich und fing an, in perfektem Englisch auf mich einzureden. Ich hörte nur mit einem Ohr zu, denn ich war begeistert von dieser Offenheit, die ich vorher nirgends kennengelernt hatte.

Schock! Die Frau riss mich aus meinen Gedanken und handelte so schnell, dass ich keine Zeit für eine Reaktion hatte. Sie legte ihre Hände auf meine Schultern und stieß mich von der Klippe. Für einen klitzekleinen Moment schien mein Herz stillzustehen. Ein Gefühl von Todesangst überkam mich. Ich weiß nicht, ob ich geschrien hatte oder vor Panik stumm geblieben war. Was ich aber weiß, ist, was für ein Gefühl mich überkam, als ich mit dem flachen Rücken auf die Wasseroberfläche knallte. Schmerz. Einfach nur Schmerz. Ich tauchte aus dem Wasser auf und rang nach Luft. Ich wurde wütend, als ich meinen Rücken brennen spürte. ›Was stimmt mit der Alten nicht?‹, fragte ich mich genervt. Ich sah mich um. Vier Personen. Alle hatten ein fettes Grinsen im Gesicht. Finn, Lisa, Jack und Paul. Leute, die einfach anders tickten. Auf mich wartete ein unvergesslicher Abend.

Die Hippies nahmen mich in ihrer kleinen Gruppe auf. Wir schwammen und aßen gemeinsam. Sie hatten ihre Hängematten zwischen den Bäumen aufgehängt, Lichter aufgestellt und Slacklines zwischen den Felsen gespannt. Am Nachmittag hatten wir Holz zusammengesucht und zündeten uns mit der Dämmerung ein Lagerfeuer an. Während ich mich ins Feuer blickend in Gedanken verlor, nahm ich eine seltsame Bewegung zu meiner Rechten wahr. Ich löste meinen Blick und sah Nick dabei zu, wie er versuchte, sich selbst Dreadlocks zu machen. Katastrophe. Er verbog sich beide Arme, um irgendwie an seinen Hinterkopf zu gelangen. ›Ganz wild‹, dachte ich und schaute dabei zu, wie er sich fast die Schultern auskugelte. Ich bot ihm meine Hilfe an und hielt schon kurz darauf eine Häkelnadel in der Hand. Gemacht hatte ich das noch nie. ›Wird schon nicht so schwer sein‹, dachte ich und fing an, an seinen Haaren herumzuhantieren. So lange, bis die erste Strähne fertig war. ›Wie eine Kackwurst.‹ Ich erschrak, als ich sah, wie dick die Strähne geraten war. Immer mehr Zeit verstrich. Während ich am Anfang wenigstens noch einigermaßen zufrieden war, verunstaltete ich jetzt den ganzen Kopf. Nick fragte mich ununterbrochen, wie die Dreadlocks aussehen.

»Fantastisch,« antwortete ich und war froh, dass wir keinen Spiegel zur Hand hatten. »Irgendwie bekomme ich das noch gerettet.« Ich filzte mit schlechtem Gewissen weiter. Nach und nach verlor ich aber die Hoffnung. In seinen Haaren war keinerlei Struktur mehr. Das waren keine Dreadlocks, sondern ein reiner Filzhaufen auf dem Kopf einer fremden Person. ›Fuck!‹, dachte ich und blieb mit der Nadel in dem Pelzhaufen stecken. Ich überlegte, wie ich Nick schonend beibringen konnte, dass eine Glatze die wohl einzig vernünftige Lösung sei. In diesem Moment kam Lisa auf uns, blieb starr stehen und schaute auf das Desaster hinab. Nick drehte sich zu mir um, fasste mit den Händen in seine Haare und ergriff die Nadel.

»Haben wir eine Schere?«, fragte ich Lisa und schaute beschämt zu Boden. Nicks Augen weiteten sich, als sie mir ein Taschenmesser reichte. ›Wie ein gerupftes Huhn‹, dachte ich, als ich eine Strähne nach der anderen abschnitt. Ich schämte mich. Sehr. Und doch versprach Nick, mir nicht böse zu sein. Geglaubt hatte ich ihm das nicht. Er sah einfach nur scheiße aus.

Die Sonne ging unter, als ich mich auf einen Felsen legte und mit meinen Füßen im Wasser plätscherte. Ich blickte um mich. Die Leinen waren frei ... Es brannte mir unter den Fingernägeln: Ich wollte Slacklinen! Was so einfach aussah, stellte sich als doch sehr schwer heraus. Aber es gefiel mir. Ich übte auf dem Band, das zwischen zwei Felsen aufgespannt war, zu balancieren. Jeder Schritt war ein Erfolg. Jeder Fall eine Ermutigung, weiterzumachen. Immer wieder krampften meine Zehen. Eine Belastung, die für mich ungewohnt war, aber eine Herausforderung, die ich liebte. Ich stand auf dem Band. Wieder ein Krampf. Ich konnte mich nicht mehr halten und stürzte in die Tiefe. Mein kleiner Zeh verhakte sich in dem Band und kugelte sich beim Sturz aus. Ich fiel ins Wasser. Meine Füße krampften erneut. Die Schmerzen waren heftig. Jack, einer der Hippies, sah mich im Wasser herumzappeln und half mir an Land. »Meine Füße«, nuschelte ich und versuchte, meinen Schmerz zu unterdrücken. Jack half mir hoch, setzte mich gegen einen Baum und begutachtete meinen ausgekugelten Zeh. Er nahm meinen Fuß sanft in seine Hände. Ich entspannte mich. Ein Ruck am Zeh. Noch einer. Es knackte.

»Ahhhhggg!«, rief ich aus und warf Jack einen hasserfüllten Blick zu.

»Ist wieder eingerenkt,« sagte er und grinste frech. Ich schlug seine Hände von meinen Füßen weg und konnte mir ein kleines Lächeln kaum verkneifen. Nicht lange und der Schmerz war vorbei. Ich erholte mich, lief zurück zum Lagerfeuer und sah der untergehenden Sonne dabei zu, wie sie langsam hinter dem Horizont verschwand. Paul hatte seine Gitarre hervorgekramt und spielte leise Melodien vor sich hin. Ich liebte die Musik. Ich liebte es, den ruhigen, leisen Klängen zu lauschen und in eine kleine Traumwelt abzutauchen. Die Dunkelheit war hereingebrochen, doch der Vollmond spendete etwas Licht. Ich ergriff Nicks Hand und zog ihn mit zu meinem Bike. Ich würde die Nacht mit den Hippies im Wald pennen und konnte Hilfe gebrauchen. Hilfe, meinen ganzen Krempel in den Wald zu schleppen.

»Fuuuck!« Ein lauter Schrei von Nick zerriss die Luft. Blitzartig drehte ich mich um.

»Was ist?« fragte ich ihn und sah die Panik in seinem Gesicht.

»Jemand hat die Busse aufgeknackt!«, rief er und warf mir einen verzweifelten Blick zu. Ich rannte zu ihm. Etliche Klamotten waren auf dem Boden verstreut, Essen ebenso und die Fahrertür hing aus den Angeln. Nick sprang in den Bus.

»Die Wertsachen sind alle weg!« Er durchwühlte panisch den Bus. Portemonnaie, Ausweise und elektrische Geräte waren weg. Ich war völlig regungslos, aus Angst davor, was mich erwarten würde, wenn ich mich jetzt umdrehen würde. Ich hatte angenommen, der Ort wäre sicher. Er wirkte mit den umliegenden Bäumen und den zwitschernden Vögeln so unschuldig und verlassen. Ein Ort, der Liebe ausstrahlte.

Wie konnte ich nur so naiv sein? Wie konnte ich nur so verdammt naiv sein? Ich entwickelte eine unfassbare Wut auf mich selbst. Ich hatte alle meine Sachen bei meinem Bike zurückgelassen. Alle. Meine Reise hatte gerade erst begonnen. Ey, ich war selbst schuld, wenn sie schon jetzt wieder enden würde! Ich ging auf mein Motorrad zu. Es lag im Sand. Umgekippt. Der hintere Blinker war zerbrochen und der Spiegel verdreht. Mein Helm war einige Meter weitergekullert und die Lederkombi in den Dreck geworfen. Ich bewegte mich nicht. Ich merkte, wie mir die Tränen die Wangen hinunterliefen. Wie konnte ich nur so dumm sein? Ich ballte meine Hände zu Fäusten. Meine Fingernägel bohrten sich in mein Fleisch. Meine Koffer waren offen.

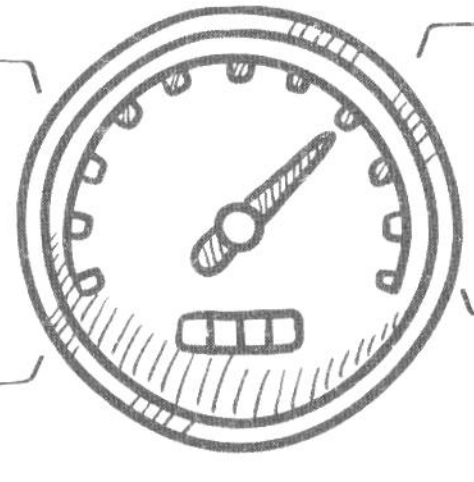

Kapitel 6
Der tödliche Unfall

Nick half mir, die Maschine aufzustellen. Er wollte mich in den Arm nehmen und trösten. Ich aber lehnte ab und wühlte wie wild meine Seitentaschen durch. Mein Messer war weg. Meine Uhr auch. Der Seesack, den ich immer obenauf schnürte, saß zwar noch fest, trotzdem sah ich, dass die Spanngurte gelockert waren. Die Schnalle war zu. Ich hatte Geld sparen wollen und den günstigsten Gurt überhaupt gekauft. Die Qualität ließ demnach zu wünschen übrig. Bei jedem Öffnen und Schließen musste man Zeit und Kraft investieren. Zeit, die die Täter wohl nicht gehabt hatten. Wie wild riss ich an der Schnalle, ruckelte den Sack frei und öffnete den Reißverschluss. Sofort sah ich meine Kamera. Nach und nach fanden sich all meine Wertsachen in dem Sack wieder. Mit dem Verlust der Uhr und des Messers konnte ich leben.

Ich hatte riesiges Glück, dass mein Seesack unberührt geblieben war. Wäre der Gurt gelöst und der Seesack geöffnet worden, wäre meine Reise vorbei gewesen. All meine Papiere, meine Kamera und mein Laptop wären weg gewesen. Bilder der Reise. Weg. Alles Dinge, die ich nicht einfach hätte ersetzen können. Ich schaute auf meinen Plüschaffen. Nach wie vor hing er wie jeden anderen Tag auch mit den Kabelbindern am Lenker meines Bikes. »Danke!«, flüsterte ich und merkte, wie eine Last von meinen Schultern fiel. Nick rief die Polizei an. Nach und nach stießen die anderen dazu. Alle deprimiert. Alles, wirklich alles, was irgendwie wichtig scheinen könnte, war weg. Wir warteten lange. Die Polizei ließ sich sichtlich Zeit und kam erst gut eine Stunde später. Die Laune war mies. Es folgte eine ewig lange Befragung, die am Ende sicherlich einen Scheißdreck brachte. Später half ich der Gruppe, ihre verstreuten Sachen wieder in den Bussen zu verstauen, und nahm Lisa in die Arme, als sie lauthals zu heulen anfing.

»Wir brechen morgen früh auf und beantragen neue Papiere beim Konsulat«, sagte Paul, ebenfalls mitgenommen. Ihre Weiterreise fand erst mal ein Ende. Sehr viel später baumelten wir wieder in den Hängematten. Im Wald überwog die Dunkelheit. Nur der Mond und eine kleine Lampe, die ich an den Baum gehängt hatte, spendete uns etwas Licht. Nick hatte die Musik aufgedreht. Ich summte zu dem Beat. Während ich meinen Schlafsack aus meinem Seesack zog, machte ich mir Gedanken, wie ich meine Wertsachen besser verstecken könnte. Erst jetzt wurde mir bewusst, welchen immensen Wert sie für meine Reise hatten. Direkt neben meiner Hängematte buddelte ich im weichen Sand ein kleines Loch. Jack starrte mich an.

»Du verhältst dich wie eine Katze, die gerade ein Loch zum Kacken gräbt«, rief er und lachte mich aus.

Irgendwie fühlte ich mich auch genau so, als ich mit meinen Händen den Boden aufwühlte. Dann, als das Loch groß genug war, steckte ich meine Wertsachen in eine Plastiktüte und stopfte sie unter die Erde. Fertig. Beruhigt schlüpfte ich in meinen Schlafsack, setzte mich in die Hängematte und schaute dabei zu, wie der Mond das Meer zum Glitzern brachte. Nick drehte die Musik leise und kuschelte sich unter seine Decke. Kurz darauf ein ruhiges Atmen. Er war eingeschlafen.

Der Morgen brach schon herein, als ich aufwachte. Jemand blendete mir mit einer Taschenlampe direkt ins Gesicht. Ich kniff die Augen zusammen. Einmal. Noch einmal. Das waren die Bullen! Schlagartig war ich hellwach und saß kerzengerade vor ihnen. Die Verständigung, pure Katastrophe. Ich konnte kein Kroatisch. Die Polizisten kein Englisch. Hilfesuchend suchte ich die anderen, aber niemand war da. Alle weg. ›Hä?‹ fragte ich mich, bis ich kapierte, dass sie verschwunden waren. Verwirrt widmete ich mich wieder der Polizei. Deren Blicke waren alles andere als begeistert. Ich bekam Angst. Mit irgendwelchen Handzeichen machten sie darauf aufmerksam, dass ich meinen Ausweis vorlegen sollte. ›Nicht euer fucking Ernst! Der liegt irgendwo begraben unter der Erde‹, dachte ich mir und stand beschämt auf. Die beiden Männer standen genau da, wo ich meine Wertsachen versteckt hatte.

»Ich muss hier buddeln«, sagte ich und zeigte mehrmals auf den Boden. Die Polizisten traten ein Stück zur Seite. Das war einer der wohl peinlichsten Momente in meinem Leben. Im Halbschlaf wühlte ich mit meinen Händen im Sand. ›WTF? So tief habe ich doch niemals den Kram vergraben‹, dachte ich mir und schaufelte eifrig weiter. Tipp an euch: Vergrabt eure Wertsachen, merkt euch aber wo. Macht es nicht wie ich, setzt eure Gehirnzellen ein. Danke!

Nach gut fünf Minuten gab ich auf. Ich wusste einfach nicht mehr, wo die Stelle war. Ich schaute zu den beiden Männern auf und zuckte mit den Schultern. Ehrlich, ich war verloren. Wie ein kleines Kind saß ich auf dem Boden. Ich hatte Dreck im Gesicht, mein Schlafkleid war vollgesaut und die Verzweiflung war mir ins Gesicht geschrieben.

Ein lautes Lachen. Einer der Polizisten konnte sich nicht mehr halten und prustete drauflos. Auch der andere Beamte fing an zu grinsen. Wenigstens verstanden sie mein Problem und setzten die düstere Miene ab. ›Spiel mit deinem Charme‹, sagte ich mir und lachte umso lauter mit. In meinem Kopf nur Panik, denn Campen war an diesem schönen Ort sicher nicht erlaubt. Noch am Kichern gingen auch die beiden Polizisten zu Boden und halfen mir beim Suchen. Ja, zwei Bullen halfen mir beim Buddeln. Nachdem wir alle drei unsere Hände schmutzig gemacht hatten, fand schließlich einer von ihnen meinen Plastikbeutel. Er schaute nicht einmal groß in die Tüte hinein, reichte sie mir und machte deutlich, dass ich den Platz räumen sollte. Mein Herz hüpfte vor Erleichterung. Keine Strafe. Ich atmete auf. Die beiden warteten noch, dass ich meine Sachen zusammenräumte, und ließen mich dann nach einer kurzen Verabschiedung allein zurück. Ich zückte mein Handy. Sieben Uhr. Es war definitiv zu früh für eine gemütliche Motorradtour. Ich schnappte meinen Seesack und räumte den Platz.

Bei der Suzuki angekommen, befestigte ich das Gepäck und steckte den Schlüssel ins Schloss. Ich drehte, immer und immer wieder. Der Schlüssel hakte. Ich drehte weiter – ohne Erfolg. Auch das WD 40 brachte einen Scheiß. Nach einer geraumen Zeit riss mein Geduldsfaden. Ich zog meinen Schlafsack aus dem Gepäck, schlüpfte hinein und legte mich pissig auf den Waldboden. Ich wachte erst wieder auf, als die Sonne den Himmel rot färbte.

›Auf einen weiteren Versuch‹, dachte ich und steckte den Schlüssel ins Schloss. Ich betete. Zwecklos. Der Schlüssel brach durch. Erst als die Sonne hoch am Himmel stand, schaffte ich es mit einer Zange, das restliche Metallstück aus dem Schloss zu entfernen. Ein Blick nach links, ein Blick nach rechts. Niemand hatte dieses Kunststück beobachtet. Schade eigentlich. Ich fühlte mich wie die kompetenteste Mechanikerin überhaupt. Fünf Minuten später steckte mein Ersatzschlüssel im Zündschloss. Ich wusste, wie verpeilt ich war, und hatte gerade deshalb ganze drei Schlüssel organisiert. Ich drehte. Es knackte. ›Schlüssel Nummer zwei‹, dachte ich mir und zog ihn genervt aus dem Schloss. Angebrochen. ›Mann, was ist das für eine räudige Kacke?‹ Am Ende war auf den dritten und letzten Schlüssel Verlass. ›Läuft bei mir‹, dachte ich und startete endlich meine Suzuki.

Es war gegen Nachmittag, als sich der Sprit dem Ende neigte. Kein Geld. Kein Plan. Kein Tank. Ich wusste nicht mal, wo ich war … ›Mann, wie kann man nur so lost sein?‹, fragte ich mich und hatte vielleicht eine Restreichweite von 20 Kilometern. Ich brauchte eine Lösung. Schnell! Mit siebzig kullerte ich irgendeine Landstraße im Norden Kroatiens entlang. Bauernhöfe links und rechts. Schlafen. Essen. Arbeit. ›Fuck, ich muss mich durchschnorren‹, dachte ich und hielt nach einem geeigneten Hof Ausschau. Irgendwie hatte ich ein beklemmendes Bauchgefühl. ›Wie stellst du dir das eigentlich vor?‹, fragte ich mich. Sollte ich mein Bike abstellen, auf ein fremdes Grundstück spazieren und sagen, dass ich Hunger hatte? ›Mann, das klingt so anders beschissen‹, dachte ich mir und kam mir verloren vor. Ich versuchte, die passenden Worte zu finden, aber es gelang mir nicht.

»Okay, egal was kommt, du siehst die Leute eh nie wieder«, redete ich mir gut zu. Trotzdem pisste ich mir vor Angst fast in die

Hose, als ich mein Bike vor einem riesigen Holzhaus abstellte. Hier war es atemberaubend schön. An dem Haus hangelte sich Efeu empor, in dem Garten reihten sich Olivenbäume und eine kleine Katze blickte mit ihren blauen Äuglein zu mir auf. Am Gartentisch saßen zwei Männer und eine ältere Dame, die Karten spielten. Im Beet neben ihnen pflanzte eine Frau gerade gelbe Rosen. ›Und jetzt komm ich und zerstör die idyllische Ruhe hier‹, dachte ich und stand noch lange vor dem Tor. Irgendwie hatte ich Angst davor, was mich erwarten würde. Ein lautes Lachen riss mich aus meinen Gedanken. ›Wie glücklich sie wirken.‹ Nachdem ich eine gefühlte Ewigkeit die Familie beobachtet hatte, entdeckte mich schließlich einer der Männer.

»Ganz toller erster Eindruck«, sagte ich zu mir selbst. »Ich steh hier und glotze wie eine Verrückte auf ein fremdes Grundstück.« Als der junge Mann das Tor öffnete, empfing er mich mit einem breiten Lächeln. ›Puuuh, der sieht freundlich aus‹, dachte ich und atmete auf. Er fing an, mich in perfektem Englisch vollzulabern. Ein Englisch, das ich einfach nicht verstand. Aus entspannt wurde angespannt. ›Ist das belastend‹, dachte ich und nickte durchgängig, hoffend, dass er nicht schnallen würde, dass ich keines seiner Worte verstand. Stille. ›Scheiße, Mann ... muss ich jetzt was sagen?‹, fragte ich mich, als er mich erwartungsvoll ansah. ›Du schaffst das‹, dachte ich und antwortete nur: »Yes.«

Wie dumm das klang. Der Typ redete gefühlte Romane, dafür dass ich »Yes« antwortete? Aua! Na ja, da lag die Chance der Richtigkeit wenigstens bei fünfzig Prozent. Als er dann in dem Haus verschwand und wenige Zeit später mit einem Teller Pasta herauskam, wurde mir bewusst, dass ich gerade ein Festmahl angenommen hatte. ›Und das, obwohl ich nicht mal was gesagt hab‹, dachte ich und fühlte mich irgendwie ... unhöflich. Als ich mich dann aber zu ihnen an den Gartentisch setzte und mir köstliche Nudeln in den Mund schaufelte, war mir das nahezu egal. Man, das Essen tat einfach nur gut! Bis heute weiß ich nicht genau, wie ich in diese Situation reingerutscht bin. Die Familie schien mich ohne Worte verstehen zu können. Sie halfen mir, ohne dass ich wirklich darum bat. Ich durfte duschen, meine Wäsche waschen und mein Zelt im Garten aufstellen. Wahrscheinlich sahen sie einfach dieses stinkende, heruntergekommene Mädchen und dachten sich: ›Okay, wenn wir der jetzt nicht helfen, dann ist die morgen safe verreckt.‹

Die Familie zeigte mir ihre Weinplantagen und ließ mich auf deren Trecker eine kleine Runde drehen. Es war ein unbeschwerter Abend, der mit köstlichem Wein sein Ende fand. Erst spät in der Nacht legte ich mich auf meiner Isomatte schlafen. Während ich den Grillen lauschte, schlief ich ein und fing an zu träumen: Malte. Gemeinsam fuhren wir Motorrad. Es war ein stürmischer Tag und die Blitze am Himmel zuckten. Wir waren weit entfernt von zu Hause. Heftiger Regen. Immer wieder wischte ich mir das Wasser vom Visier, um die Straße vor mir erkennen zu können. Wir waren allein. Es wurde immer stürmischer. Äste fielen auf die Straße und wir wichen ihnen aus. »Fahr schneller«, rief ich Malte zu und hoffte, einen Unterschlupf zu finden. Er drehte sich zu mir um.

»Waaaaaa ...«, war das Letzte, was ich aus seinem Mund hörte. Die nächsten Sekunden gingen wie in Zeitlupe an mir vorbei. Ich sah den Baum umstürzen. Mein Atem stockte.

»Neeeeein!«, schrie ich, warf mein Motorrad zur Seite und rannte auf Malte zu. Ich schrie aus vollem Halse. Doch es war zu spät. Der Baum zerfetzte das Motorrad in tausend Teile und begrub

Malte unter sich. Blut. Überall Blut. Ich konnte mich nicht bewegen. Ich wollte es so sehr, doch ich konnte nicht. Mein Blick war starr auf den leblosen Körper meines Freundes gerichtet. Mir war kalt. Ich fühlte mich tot. Erst viel zu spät ging ich zu ihm, legte seinen Kopf auf meinen Schoß und sah das Blut über meine Hände laufen.

»Ich liebe dich«, flüsterte ich, als jemand an meiner Schulter rüttelte. Ich wollte mich nicht von Malte lösen und klammerte mich an ihm fest. Das Rütteln an der Schulter wurde stärker und stärker. Meine Atmung wurde immer flacher. Vor Angst riss ich meine Augen weit auf. Vor mir stand der Mann von gestern Abend. Francesco, der mich so lieb empfangen hatte.

»Ich hab dich schreien hören. Hast du schlecht geträumt?«, fragte er und schaute besorgt in mein Zelt. »Komm, ich helfe dir hoch«, sagte er und reichte mir seine blutverschmierte Hand.

Kapitel 7

Grashalme durch meine Finger

Meine Augen weiteten sich, mein Atem stockte. Voller Angst schaute ich in Francescos tiefbraune Augen und wieder auf seine roten Hände. Er bemerkte mein Misstrauen sofort, schaute an sich herunter und fing laut an, zu lachen. ›Er ist blutverschmiert und schiebt einen Lachkrampf. Was zur Hölle ist falsch mit ihm?‹, fragte ich mich und schaute dabei zu, wie ein Tropfen Blut auf meinen Zeltboden fiel.

»Ich ernte Tomaten«, sagte er grinsend und wischte den Fleck von meinem Zeltboden. »Hast du Lust zu helfen?« Francesco bot mir an, ein wenig Geld für die Weiterfahrt zu verdienen. ›Kacke, du bist echt paranoid‹, dachte ich und schob meine negativen Gedanken beiseite. Kurz drauf pflückte ich eine Tomate nach der anderen. Meine Hände waren dreckig, die Sonne spendete Wärme und der Geruch von frisch gemähtem Gras lag in der Luft. Wir redeten, lachten und warfen uns gegenseitig mit roten Tomaten ab. Batsch! Eine schimmelige Tomate landete genau auf Francescos Stirn.

»Volltreffer«, rief ich lachend und schaute dabei zu, wie der grüne Schleim an seinem Gesicht herunterlief. Der Tag verging wie im Flug. Ich fühlte mich so unbeschwert wie selten in meinem Leben und doch verfolgte mich der Traum von Malte. Am Abend spazierte ich über die Felder und sah dabei zu, wie die Sonne langsam hinter dem Horizont verschwand. Immer wieder hoppelten Hasen vorbei. Es war ein magischer Moment. Still. Angenehm warm. Ich versank in meinen Gedanken. Gedanken, an eine Beziehung, die in den Sternen stand. Ich machte mir Vorwürfe. Stundenlang. Ich saß auf einem Feld und ließ die Grashalme durch meine Finger gleiten, während die Tränen meine Wangen hinunterkullerten. Wie sehr ich Malte liebte. Ein Mensch, dem nur das Beste zustand.

»Und das Beste, das bin ich nicht«, flüsterte ich und erwischte mich dabei, wie ich laut aufschluchzte.

Ich dachte daran zurück, wie ich ihn alleine im Ungewissen zurückgelassen hatte, was nicht fair war. Seine Augen nass und voller Liebe. Ich hatte ihn in einer Ungewissheit zurückgelassen, die nicht fair war. Und doch wollte er noch immer an meiner Seite stehen. ›Warum?‹, fragte ich mich und erkannte darin keinen Sinn. Das erste Mal in meinem Leben dachte ich darüber nach, diesen Mann gehen zu lassen, um ihm eine Last zu nehmen. Mich.

Was könnte der Traum nur für eine Bedeutung haben? Ein Traum, der Tausende von Gefühlen in mir weckte. ›Gut, dass ich im 21. Jahrhundert lebe und googeln kann‹, dachte ich und kramte mein Handy hervor. Mittlerweile war es stockduster, als ich irgendwelche »zuverlässigen« Artikel auf Gute-Frage durchlas. Mein Atem stockte, als ich lernte, dass der Tod in einem Traum für den Neuanfang steht. Lange Zeit bewegte ich mich nicht. Ich war verwirrt. Sehr. Erst einige Zeit später machte ich mich auf den Weg zurück zu meinem Zelt und legte mich schlafen.

Es war 11 Uhr am Vormittag, als ich aufwachte, und heißer als jede Sauna dieser Welt. Für einen Moment dachte ich, den Horror nicht überleben zu können. Ich weiß nicht, wie viel ich geschwitzt hatte, aber der Schlafsack, mein T-Shirt und die Isomatte waren pitschnass. ›Ist das widerlich‹, dachte ich mir und fasste in meine Haare. So nass, dass man nicht erkennen konnte, ob ich frisch geduscht war oder vor Fett triefte. Ich rümpfte meine Nase. Das war definitiv ein Fall für die Dusche.

Nachdem ich mich frisch gemacht hatte, baute ich mein Zelt ab und verstaute all meine Sachen in den Koffern. Ich war bereit für die Weiterfahrt. Ein letztes Mal lief ich durch den wunderschönen Garten und klaute mir eine Birne vom Baum. Um meine Beine wuselten zwei Kätzchen und der Anblick der vielen Obstbäume zauberte mir ein Lächeln ins Gesicht. Mit einer Mischung aus Wehmut und Freude stieg ich auf mein Motorrad und ließ die Reise weitergehen. Ohne Plan und wieder ganz alleine. Trotzdem war etwas anders. Denn ich hatte gelernt, auf Menschen zuzugehen und Hilfe anzunehmen.

Eine Fähigkeit, ohne die eine Weiterfahrt an dieser Stelle unmöglich geworden wäre.

Kapitel 8

In meiner Hand 'nen Cocktail, auf der Nase die Sonnenbrille

Auf dem Hof hatte ich in knapp einer Woche genug Geld verdient, um meinen Tank das ein oder andere Mal zu füllen. Ich zählte die Scheine und dachte daran zurück, wie ich geholfen hatte. Nicht nur das Tomatenernten hatte mein Portemonnaie gefüllt. Ich hatte all das gemacht, was irgendwie so angefallen war. Mal hatte ich im Bikinitop auf einem Trecker gesessen, mal Holz gehackt oder Pflastersteine von einem Ort zum anderen geschleppt. Ich hatte meine Knochen gespürt und es geliebt. Als ich jetzt den Schlüssel ins Schloss steckte und am Gas drehte, da konnte ich guten Gewissens weiterziehen. Ich legte Strecke zurück. Random. Bis ich plötzlich wieder in Italien war. Ich machte mir keine Gedanken über ein Ziel, einen Ort oder whatsoever. Ich genoss einfach die Straßen, das gute Wetter und das Tuckern meines Motors. Die Nächte hängte ich meine Hängematte zwischen Bäumen auf und die Tage lebte ich meinen Traum. Sorglos und glücklich.

Eine knappe Woche war vergangen. Mittlerweile war ich mit dem Motorrad wieder in Italien gelandet. Warum? Keine Ahnung, Mann, der Weg war das Ziel. Ich saß auf meinem Motorrad, während ich verträumt die Kilometer runterriss.

»Tropf«, machte es und ließ mich einen Blick in den Himmel wagen. Wolken. ›Kacke‹, dachte ich und sah einer schwarzen Wolkenwand dabei zu, wie sie mir gefährlich nah kam. Ich drehte am Gas. ›Weg hier!‹, dachte ich und wusste, dass mich ein Unwetter echt in die Bredouille bringen würde. Ich hatte keine gute Regenkleidung und meine Koffer waren alles andere als wasserdicht. Also begann eine Flucht vor den Gewitterwolken. Ich war schnell. Zumindest gab ich Vollgas. Trotzdem tröpfelte es immer weiter und es war nur eine Frage der Zeit, bis meine Lederkombi pitschnass sein würde. Groll!

Ein heftiges Donnern. Ich sah mich um. Die Wolken kamen immer näher. ›Fuck‹, dachte ich und sah mich nach einem Unterschlupf um. Weit und breit nur Felder. Also fuhr ich weiter. Helle Blitze zuckten am Himmel und ließen mich zittern. Es wurde immer dunkler und vor allem stürmischer. Mit aller Kraft versuchte ich, die Kontrolle über mein Bike nicht zu verlieren. Baaaam, ein Blitz! Ich sah ihn einschlagen und wusste, dass ich Schutz suchen musste. Panisch blickte ich um mich. ›Maaannn, das sieht aus, als würde die Welt hier untergehen!‹, dachte ich und wurde kurz darauf von einem fetten Hagelschauer überrascht. So stark, dass ich die eigenen Hände vor meinen Augen nicht mehr richtig erkennen konnte. Ich kam mir vor wie die größte Muschi, als ich unter meinem Helm zu schreien anfing. Die Dinger pikten durch meine

Schutzkleidung hindurch, sodass ich noch Tage später blaue Flecken zählen konnte. Weiterfahren war keine Option. Ich stellte meine Maschine ab und versuchte Schutz zu finden. Das Problem war, dass ich mich irgendwo am Arsch der Welt befand und lediglich einen verrotteten Hühnerstall fand. ›Belastend‹, dachte ich. Es war dreckig und es stank. Um mich herum sammelten sich gackernde Hühner und kackten freudig drauflos. Ich hockte mich in die letzte Ecke. Klitschnass. Durchgefroren. Zitternd versuchte ich mich aufzuwärmen. Keine Chance. Also legte ich mich wortwörtlich in die Scheiße und deckte mich mit Stroh zu. Ich war so fertig, dass ich gar nicht mitbekam, wie sich meine Augen vor Müdigkeit schlossen.

Schreie! Schlagartig war ich wieder hellwach. Mir gegenüber stand ein junges Mädchen. Vielleicht fünf Jahre alt. Ihre Augen waren vor Schock weit geöffnet. ›Oh nein‹, dachte ich und schämte mich. Das Mädel sah aus, als würde sie gleich an einem Herzinfarkt sterben. Vorsichtig richtete ich mich auf, setzte ein Lächeln auf und winkte ihr zu. In ihrem Gesicht pure Verwirrung. Dann drehte sie sich um und ging. Ich schüttelte mich und versuchte, mich zeitlich zu orientieren. Draußen schien die Sonne. ›Na ja, die Nacht war besser als erwartet‹, dachte ich und fühlte mich ausgeschlafen. Ich streckte mich und verließ den Stall. Frische Luft! Daran hatte es bei den Hühnern im Stall echt gemangelt. Ich sah an mir herunter. Ich stank nicht nur nach Scheiße, ich sah auch so aus. Da! Ein riesiges Haus. Genau vor mir. ›Aua‹, dachte ich und hätte mir auch gleich denken können, dass die Hühner irgendwelche Besitzer haben mussten. Im Garten saß die Familie beim Frühstück. Das kleine Mädchen kam ihnen gefährlich nah. ›Oh nein!‹, dachte ich und sprintete zu meinem Motorrad. Ich hatte Einbruch begangen und stank aus allen Poren nach Kacke. Ich musste hier weg. Schnell!

Also rannte ich, schwang mich auf meine Suzuki und fuhr los. Mein Ziel? Wasser! Ich musste baden. Ich musste meine Kleidung waschen und ich musste diesen widerlichen Gestank aus meinem Helm und der Lederkombi bekommen.

Gegen Mittag erreichte ich nahe Venedig das Meer. Ich riss meine Klamotten vom Leib, griff mir die Seife und sprang mal wieder in die schönste und größte Badewanne der Welt, das Meer! Mich abzukühlen und das Salzwasser auf meiner Haut zu spüren vermittelte mir ein Gefühl von Freiheit. So schön, so intensiv, so irre. Und trotzdem schaltete ich mein Hirn nicht eine Sekunde aus und stellte mir die hohlste Frage weltweit: Bin ich jetzt besonders schmutzig oder besonders rein, wenn ich mich so oft bade? ›Hör auf zu denken, Affe‹, sagte ich zu mir selbst und schmunzelte. Ich richtete meine Augen in den Himmel und genoss den Blick in die Weite. Sauber und zufrieden stieg ich einige Zeit später aus dem Wasser. Ich löste die Koffer von meinem Bike und wagte einen Blick hinein. ›Ach, du Heilige‹, dachte ich, als ich sah, wie all meine Sachen in einer fetten Pfütze schwammen. Gestank. Ich hielt mir die Nase zu, war kurz vorm Kotzen.

»Die Koffer sind der letzte Abfalleimer.« Genervt kramte ich meine stinkende Wäsche heraus. Die nächsten Stunden verbrachte ich mit Reinigen. Klamotten, Lederkombi und meine Schlafsachen. Ich lud mein Handy an der Motorradbatterie, entfernte die Hühnerscheiße. Während mein Kram in der Sonne trocknete, kletterte ich auf einen Baum und befestigte meine Hängematte in der Krone. Im Wind schaukelte ich sachte hin und her. Immer wieder blendeten mich Sonnenstrahlen, die ihren Weg durch die Baumkrone fanden. Es war wie eine riesengroße Discokugel, nur tausendmal schöner. Ich war so verdammt glücklich. So vollkommen.

Ich spielte an meinem Ring herum. Einen Ring, den mir Malte mit 16 Jahren in Italien gekauft hatte. 16 Jahre. Wie verdammt jung wir damals waren. Jung und so verliebt. Ich erinnerte mich daran zurück, wie wir uns 2016 das erste Mal trafen. Er saß am Tisch gegenüber. Seine Haare, sein Gesicht, seine Haut ... so perfekt. Das Lachen, so echt. Liebe auf den ersten Blick. Wir beide schüchtern und doch so interessiert. Später dann der erste Kuss. So leidenschaftlich, zart. Das Kribbeln im Bauch so stark. Seine Hand in meiner so weich, so perfekt. Fuck, ich liebte diesen Mann. So sehr. Wir hatten alles gemeinsam durch. Alles. Wir waren Kinder und wir verhielten uns so. Wir liefen barfuß über die Felder, gingen im strömenden Regen baden und saßen stundenlang in den Dünen, einfach um uns die Seele aus dem Leib zu quatschen. Wir redeten wie beste Freunde, beschützten uns wie Geschwister und liebten uns wie ein Paar. Es war perfekt. So lange. Wir hatten unsere Schulzeit zusammen erlebt, unser erstes Mal, hatten meine Krankheit überstanden und immer zusammengehalten. Mann, wir waren jung und naiv. Eifersüchtig und doch voller Vertrauen. Wir gaben uns Sicherheit, teilten die gleichen Werte und denselben Humor. Wir lachten, wir weinten, wir waren einander nahe. Malte war meine erste große Liebe. So sehr wünschte ich mir, dass er auch die letzte sein würde. Und doch fühlte ich mich hier und jetzt, alleine in meiner Hängematte, so vollkommen. Ich dachte zurück an den Traum. Einen Traum, den ich bisher nicht vergessen hatte und von den Bildern in meinem Kopf noch immer geschockt war. Neuanfang hieß es. Immer mehr schien ich zu realisieren, was das bedeuten könnte. Mich überfiel eine solche Scham. Wie konnte ich mich nur so fühlen? *So vollkommen und zufrieden?*

Die Sonne ging unter. Ich legte meine getrocknete Wäsche zusammen und stopfte sie zurück in die Koffer. ›Plastiktüten wären ansonsten ja auch eine Lösung‹, dachte ich und hätte mir damit das Problem der nassen Wäsche eigentlich auch sparen können. Anschließend sammelte ich Äste zusammen und machte mir ein Lagerfeuer. Der Himmel war bunt gefärbt. Ich liebte den Blick auf das Meer und die damit verbundenen Gefühle, die in mir hochkamen. Mein ganzer Körper kribbelte. Das hier war nur einer von vielen Momenten, in denen ich das fühlte, was ich so sehr gesucht hatte. Freiheit. Seit Langem fiel mir das Lächeln wieder leicht und ich schämte mich dafür. Ich merkte, wie die Reise mir das gab, was mir fehlte. Ich fühlte, wie sie mich wieder mit Energie füllte und mir Kraft schenkte. Kraft und Freude am Leben, die mir in dieser Form gefehlt hatte. Jeder einzelne Tag ließ mich weiter aufatmen. Ich verlor das Gefühl, in einem Hamsterrad gefangen zu sein, und konnte wieder genießen. Ich sah in den südlichen Ländern Europas, dass gearbeitet wurde, um zu *leben*. Familie, Freunde, Freizeit standen im Vordergrund. Während mich in Deutschland permanent das Gefühl plagte, das man lebte, um zu arbeiten. In mir wuchs Hoffnung. Eine Hoffnung auf Leben.

Ich liebte das Alleinsein, und doch vermisste ich an manchen Tagen die Kommunikation. ›Einfach jemanden mit meinem Gesabbel auf den Sack gehen‹, dachte ich und verspürte schon beinahe Langeweile. Also kramte ich ein vollgeschnottertes Taschentuch und einen Kugelschreiber hervor. Ich riss ein Stück vom Tuch ab und begann zu kritzeln. Stichpunkte. Erinnerungen, die ich nicht vergessen wollte und später vielleicht teilen könnte. Ich speicherte Bilder meiner Kamera ab und fing an, diese nach und nach auf irgendwelchen Plattformen hochzuladen. Instagram, YouTube ...

überall da, wo ich eigentlich seit Wochen nicht mehr aktiv gewesen war. Zu sehr war ich mit mir und meinem Leben beschäftigt und hatte einen Scheiß auf Social Media gegeben. Erst vergessen und plötzlich wieder so präsent. Das wurde meine Art der Kommunikation und Inspiration. Dass mich hier noch Tausende Menschen auf meiner Reise verfolgen würden und ich sie meine Fans nennen durfte, war überraschend und dennoch eine Bestätigung …

Mit meinen Händen strich ich über den warmen Sand und ließ ihn durch meine Finger rieseln. Ich versuchte, die einzelnen Körner zu zählen, scheiterte aber gnadenlos. ›Sand ist irgendwie der geilste Dreck, den es gibt‹, dachte ich mir und wusste im selben Moment, wie sehr ich ihn hassen würde. Hass, weil er sich überall breitmachte. In meinen Taschen, meinen Klamotten und meiner Lederkleidung. Ich liebte ihn immer nur so lange, bis er mir am nächsten Tag unter der Kombi meine Beine aufscheuerte. Mein Blick war dem Feuer zugewandt. Es knisterte, es duftete, es war wie in einem Traum. Ich sah dabei zu, wie die letzten Äste verglühten, und schloss schließlich meine Augen.

Wach werden und merken, es war arschheiß. Es waren safe 40 Grad, als ich gegen Mittag aufwachte und der Schweiß von meiner Stirn triefte. Meine Lippen waren trocken. Ich brauchte Wasser. Schnell. Mit meinen Augen suchte ich mein Gepäck ab. Nix. ›Kacke‹, dachte ich und öffnete mein Portemonnaie. Noch 25 Euro. Ganz schön mau. Ich schwang mich aufs Bike. Dann musste ich eben auf die Suche gehen. Mein Magen fing laut an zu knurren. Ich hatte Hunger. Es lag einige Zeit zurück, dass ich etwas gegessen hatte. Zwei Tage, vielleicht drei. Der Sparmodus war aktiviert. Ich wusste, dass ich meinem Körper gerade einiges abverlangte. Ich fuhr einen Supermarkt an und verschwand auf der Toilette. Hier hielt ich meinen Kopf unter den Wasserhahn und trank Unmengen von dem widerlichen Leitungswasser. Wenn ich eins raten kann: Tut das niemals. Nie! Das Leitungswasser in Italien ist leider nicht das Allerbeste. Trotzdem trank ich weiter. So lange, bis mein Durst gelöscht war. Ich wischte mir den Mund ab, rülpste und machte mich anschließend auf die Suche nach günstigem Essen. Ich spazierte bedacht durch den Laden. »Nur noch 25 Euro!«, warnte ich mich selbst und sah mir die Preise kritisch an. Belastend! Jeder Euro schien ein Euro zu viel. Nachdem ich gefühlte tausend Runden durch den Laden spaziert war, kaufte ich am Ende doch nix. Stadtessen blieb ich bei einer Brotschneidemaschine stehen und klaute mir das ein oder andere liegen gebliebene Knust. Die schrägen Blicke der Mitarbeiter ignorierte ich gekonnt.

Mit gefülltem Magen stieg ich wieder auf meine Suzuki und machte mich auf den Weg zurück zu meinem kleinen Strandplatz. ›Fuck‹, dachte ich und merkte, wie mein Bauch schlagartig zu grummeln begann. Das italienische Leitungswasser bekam mir gar nicht gut. Ich musste auf Klo. Dringend! Ich sah mich um. Büsche und Bäume weit und breit. Keine Zivilisation. Keine zweite Option. Ich schaltete meinen Kopf aus, stellte meine Suzuki ab und lief Richtung Wald. Mehrere Tage verbrachte ich damit, meinen Magen wieder in den Griff zu bekommen. Ich baumelte in meiner Hängematte und ließ die Zeit vergehen. Als ich mich etwas erholt hatte, packte ich meine Sachen zusammen und schwang mich auf mein Bike. Das Geld neigte sich dem Ende, es war Zeit für einen Job.

Die nächsten Wochen waren aufregend und lehrreich zugleich. Ich fuhr verschiedene Bauernhöfe an und arbeitete für kleines Geld. Fast immer begegnete man mir hilfsbereit. Die verschiedenen Menschen, Denk- und Lebensweisen ließen mich reifen. Ich erlebte sowohl arme als auch reiche Menschen, sah, mit welchem Fleiß sie arbeiteten oder wie gelassen sie dem Tag entgegensahen. Und ich nahm ihr alltägliches Leid, aber auch ihre tiefe Zufriedenheit wahr. Nur selten schickte man mich fort oder warf mir schräge Blicke zu. Etwas, was mir Kraft und Zuversicht schenkte. Die Menschen sind so viel besser, als man denkt. Zumindest die meisten. Denn erst sehr viel später sollte ich auch das Gegenteil erleben. Doch bis dahin war noch viel Zeit. Zeit, die ich glücklich lebte. Ich hatte gelernt, ohne Geld, ohne Plan und ganz alleine zu überleben. Alle paar Tage fuhr ich Höfe oder Hostels an und fragte mich so lange durch, bis ich einen Job sicher hatte. Ich half auf den Feldern oder im Haus aus. Fast jeden Abend saß ich mit unterschiedlichen Familien zusammen und spielte Spiele. Nicht selten tranken wir Bier und erzählten uns bis spät in die Nacht Geschichten. Am Tag spielte ich häufig mit den Kindern. Mit Händen und Füßen verständigten wir uns. Jedes Mal, wenn ein Kind wieder lachte, weil ich die einfachsten Wörter nicht verstand, strahlte ich. Auch später, als ich vieles endlich verstand, ließ ich die Kinder manchmal in dem Glauben, nicht ein einziges Wort Italienisch zu beherrschen. Das freche Kinderlachen versüßte mir jeden meiner Tage. Auf den Bauernhöfen aß und schlief ich normalerweise gut. Und ich schwöre es euch, das Essen eurer Mutter ist ein Scheißdreck gegen das Essen in Italien. So futterte ich mich durch. ›Kleine Fettschicht für die nächsten Tage‹, dachte ich jedes Mal, wenn der Aufbruch wieder näher kam.

So verging die Zeit. Mittlerweile war es Mitte Oktober. Ich fuhr in zwei Monaten 18 Bauernhöfe an und finanzierte mir hierdurch meinen kleinen Traum von der Weiterreise. Noch immer tuckerte ich mit meiner Suzuki durch Italien. Ein Land, das mich begeisterte. Schlafen tat ich in der Natur. Immer. Wenn mein Magen sich vor Hunger zusammenzog, fuhr ich Supermärkte an. Mitten in der Nacht. Einen kleinen Überlebenstrick, den ich mir bei einem jungen Pärchen abgeguckt hatte. Ich suchte die Müllcontainer auf und durchwühlte den »Abfall«. Die großen Supermärkte schmeißen jeden Abend das nicht verkaufte Brot in Plastiktüten. Müll, der kein Müll ist. »Müll«, der mich am Leben hielt. Ich baumelte mit meiner Hängematte an einem Strommast, auf einem Berg weit über dem Meeresspiegel. Ich hatte eine atemberaubende Aussicht auf die Stadt Pisa. Hier oben war es still. Ab und an raschelte irgendein Tier im Gras, aber die Geräusche der Stadt waren weit entfernt. Ich hatte meinen Blick in den Himmel gerichtet und versank tief in meinen Gedanken. Ich liebte die ruhigen Minuten, in denen ich nach Sternschnuppen Ausschau hielt. Wieder fühlte ich mich so klein und unbedeutend. Ein Gefühl, das ich liebte. Es ließ mich stark werden und vermittelte mir ein Gefühl der Irrelevanz. Auf Deutsch, ich machte einfach das, worauf ich Bock hatte. Das Leben ist zu kurz, um sich den Kopf über jede banale Scheiße zu zerbrechen. *Und mal ganz ehrlich? Wer entscheidet über richtig und falsch?*

Irgendwann wagte ich einen Blick auf meinen Kontostand. ›Rich Bitch‹, dachte ich mir, als ich knapp 170 Euro zählte. Das Geld musste gut investiert werden. Das Problem war nur, dass meine Gehirnzellen einen Scheiß produzierten. ›Google‹, dachte ich. ›Google regelt das schon‹. Ich gab in die Suchleiste ein: Was kann man in Italien machen? Mein Handy hakte.

»Maaannn, was stimmt mit dir nicht?«, rief ich und tippte wie bescheuert auf dem Display herum. Es war so weit! Ich war völlig allein in meiner Hängematte und fing an, mit meinem Handy zu reden. ›Alles zu spät‹, dachte ich und zweifelte an mir selbst. Ich versuchte mich auf mein inneres Gefühl zu konzentrieren. ›Was würde mich jetzt glücklich machen?‹, fragte ich mich. Direkt schoss mir ein Bild in den Kopf: Ich lag mit Bikini an einem weißen Sandstrand. Vögel zwitscherten, das Meer rauschte. Ich war auf einer Insel. Es war heiß, nur die Palme hinter mir spendete etwas Schatten. In meiner Hand ein kalter Cocktail, auf meiner Nase die Sonnenbrille. Das Meer war glasklar. Aus der Ferne hörte ich leise Musik ... ›Halt dein Maul‹, sagte ich zu mir selbst und schüttelte meinen Kopf, um wieder einen klaren Gedanken zu finden. Ein Traum. Mehr nicht. Und dennoch hatte ich mir selbst geschworen, meine Wünsche und Träume zu leben. Ich kicherte. ›Ist ja nicht so schwer‹, dachte ich und stellte mir das Paradies ein zweites Mal vor.

Was ich dann tat, war einfach komplett lost. Ich setzte mich kerzengerade in meiner Hängematte auf und ging alle möglichen Inseln im Kopf durch. Nach ein paar Minuten herrschte absolute Leere in meinem Kopf. Ich merkte, dass die Bandbreite meines geografischen Wissens zu wünschen übrig ließ. ›Belastend‹, dachte ich, als mir in Italien lediglich Sardinien einfiel. Und dann ... ich war nicht mehr zu stoppen. Anstatt mich zu entspannen und die Augen zu schließen, buchte ich die Fährverbindung von Livorno nach Sardinien. Unhaltbar. 22 Euro. ›Ein Schnapper‹, dachte ich mir und schaute auf mein Handy. Es war 23:45 Uhr. Ich hatte noch gut eine Stunde vor der Abfahrt. No risk, no fun! Ich sprang aus der Hängematte. Doooooong – und landete im Dreck.

In Windeseile packte ich all meine Sachen zusammen und raste mit dem Motorrad über die Landstraßen bis zum Fährhafen. Nach gut einer halben Stunde Fahrt erreichte ich den Hafen. ›Was stimmt nur mit dir nicht?‹, fragte ich mich und fasste mir an den Kopf. Todmüde und übermütig zugleich schiss ich auf meinen Schlaf und rief nach Abenteuer. Auf mich warteten acht Stunden Überfahrt. Mit neugierigen Augen beobachtete ich, wie die ersten Autos auf die Fähre fuhren. Mein Herz hopste vor Freude, als ich die Rampe überquerte. Ich war auf der Fähre nach Sardinien. ›Das nenn ich spontan‹, dachte ich und hatte noch keinen Plan, was dann folgen sollte.

Kapitel 9
Sardinien

Ich schaute aus dem Fenster der Fähre. Die Lichter ließen Livorno hell erstrahlen. Die Fähre legte gegen Mitternacht ab und steuerte auf das offene Meer zu. Wo mich die Reise wohl noch hinführen würde? Die Aufregung stieg. Ich saß auf der Passagierebene, eingemummelt in einen Sessel, und hatte das Gefühl, dass skeptische Blicke auf mir klebten.

»Die fährt bestimmt in den Urlaub.«

»Die fährt zu ihrem Freund.«

Nein, falsch! Malte ist bei mir und ich bin auf der Reise zu mir selbst. Immer mehr wurde mir bewusst, was in mir so passierte. Es ist der Gedanke an eine absolute Freiheit, der mich glücklich macht. Barrierefrei denken, den Horizont oder den Himmel anstaunen und frei zu sein – mit allem Wichtigen in meinem Herzen und meiner Seele … Mich überkam ein Glücksgefühl, das ich nicht in Worte fassen konnte. Mir wurde bewusst, wie gut mir diese

Reise tat und dass sie mir die Freude am Leben zurückgab, die ich zuvor so sehr vermisst hatte. Ich genoss das leichte Schaukeln auf den Wellen und war voller Dankbarkeit. Mir war klar, dass es nicht selbstverständlich war, gesund seinen eigenen Weg zu gehen. Gesund zu leben ... eine Träne kullerte meine Wange hinunter. Ich war so unendlich glücklich. Geschlafen hatte ich kaum. Zu sehr hatte mich das glitzernde Meer hypnotisiert und mich in seinen Bann gezogen. Die See war ruhig und die Fähre glitt langsam über das Wasser. In der Frühe sah ich der aufgehenden Sonne entgegen und beobachtete, wie Sardinien immer näher kam. Eine Insel, die mir neu war. Eine Insel, die Abenteuer versprach.

Es kribbelte in meinen Fingerspitzen, als ich mein Gepäck zusammenräumte und mich auf den Weg zu meiner Suzuki machte. Ich ergriff meinen Affen, gab ihm einen fetten Schmatzer auf den Kopf und startete das Bike. Ungeduldig wartete ich, bis die Fähre ihre Rampe öffnete und ich von Bord fahren konnte. Es war angenehm warm, als ich den Anleger hinter mir ließ. Schon nach kurzer Zeit wurde mir bewusst, welch ein Paradies vor mir lag. Die Straßen menschenleer. Nur ich, das Bike und die Natur. Für mich der Inbegriff von Schönheit. Auch wenn die Kurven zum riskanten Motorradfahren einluden, fuhr ich häufig langsam, hielt sogar an. Die Natur überwältigte mich so sehr, dass ich schlichtweg vergaß, am Gas zu drehen. Eine unbeschreiblich schöne Natur. Große Berge, kleine Berge. Tausende Seen und verschiedene Sträucher. Die Vögel flogen empor und warfen Schatten auf die Felsen. Der Geruch von Zitrone stand in der Luft und der Staub sammelte sich auf den einsamen Straßen. Das Gefühl von Freiheit kribbelte mir in den Fingern, als ich wieder am Gas drehte und den Kurven folgte. Ich war überwältigt. An den Küstenstraßen konnte ich mich kaum sattsehen. Das klare hellblaue Wasser schien so unwirklich. Ich hielt wieder an, zog meinen Helm und die Schuhe aus. Mit meinen nackten Füßen lief ich über Steine und ließ meine Beine im Meer baumeln. Ich genoss das Prickeln, als das kühle Wasser über meine Haut strich. Ich schloss die Augen und nahm einen langen Atemzug. Salz auf meinen Lippen. Freiheit. Noch war alles perfekt. Noch. Doch schon die erste Nacht bedeutete ein großes Drama.

Ort:
Italien, Sardinien
nahe Cagliari

Besonderes:
Schokoriegel

Zeit:
November 2019

Zustand Suzi:
20 km geschoben

Kapitel 10

Unter Wasser

Die Sonne ging unter. Der Himmel erstrahlte orangerot und machte den ersten Abend auf der Insel zu einem unvergesslichen Farbenspiel. Ich kramte meine Kamera hervor und hielt den Moment fest. Dann hielt ich Ausschau nach einem Schlafplatz und mir wurde schnell klar, dass Sardinien Tausende Strände zu bieten hatte. Einer einsamer als der andere. Die Palmen ragten empor, das Wasser glitzerte glasklar und der Sand war weiß wie Schnee. Und dieser Duft, es roch fantastisch gut. Fast überall konnte man die Hängematte aufhängen und sein eigenes, kleines Paradies schaffen. Am Straßenrand stellte ich mein Bike ab. Es kümmerte mich nicht, wo genau ich gerade war. In der Nähe welcher großen Stadt, an welchem beliebten Küstenstreifen. Ich war planlos und ich liebte es. Ich ergriff mein Gepäck und folgte einem schmalen Sandweg hinunter zum Strand. Um mich herum Sand, Felsen und Palmen. In mir drin ein Gefühl der Geborgenheit. Ich sammelte Holz, machte mir ein Lagerfeuer und kuschelte mich in meinen Schlafsack. Ruhig. Einsam. Ein Ort, der magisch schien. Erst ein fettes Donnern zerstörte die Stille. Ich zuckte zusammen. Die Blitze ließen nicht lange auf sich warten. Wieder und wieder erhellten sie den sonst so dunklen Himmel. Ein heftiges Gewitter zog auf und tobte über dem Meer. Angst hatte ich keine. Im Gegenteil, ich fühlte mich wohl. Ganz allein, in der freien Natur, mit Ausblick auf ein Naturspektakel. Mich faszinierte es, wie die Blitze kurz hintereinander am Himmel zuckten. Mit meinen Augen verfolgte ich die Lichteffekte und sah dabei zu, wie sie wieder verglühten. Erst spät in der Nacht löschte ich das Feuer und schloss die Augen. Ich wurde müde und versank in meinen Träumen. Das Gewitter schien weit weg ...

»Ruuuums!« Ein lauter Knall riss mich aus dem Schlaf. Völlig übermüdet blickte ich um mich herum. Der Donner knallte. Ein Blitz zuckte. Das Gewitter war genau über mir. ›Manchmal sollte man mich einfach nur töten‹, dachte ich mir und hasste mich für die Verplant- und Gelassenheit, die ich immer wieder an den Tag legte. ›Wenn du jetzt verreckst, bist du selbst schuld‹, sagte ich mir und drehte mich wieder um. Keine Ahnung wie, aber ich schlief tatsächlich wieder ein.

Am nächsten Morgen war das Gewitter verzogen. ›Schwein gehabt‹, dachte ich und stieg aus meinem Schlafsack. Ich zog mich aus, sprang ins Meer und genoss die Morgensonne auf der Haut. Später ergriff ich mein Spülmittel und wusch meine Klamotten. Ich hängte sie zum Trocknen an einer Palme auf und ließ die Zeit vergehen. Musik. Das war das, was ich jetzt brauchte. Einen idyllischen Song, während ich in der Mittagssonne brutzle. Doch mein Handy blieb schwarz. ›Akku‹, dachte ich mir und schloss es an die Power Bank an. Die Zeit verging, doch das Handy blieb tot.

»Die Steinzeitmenschen haben auch ohne so einen Rotz überlebt«, sagte ich und schiss auf mein Handy. Ich packte meine getrocknete Wäsche zusammen und schnürte das Gepäck zurück auf mein Bike. ›Tja, schon jetzt wäre ein Handy nicht sonderlich dumm, um einfach mal zu schauen, wo der nächste Supermarkt ist‹, dachte ich. Ich hatte verdammt großen Hunger. Schon gestern hatte ich nichts gegessen. Mit leerem Magen machte ich mich auf den Weg und wollte mich durchfragen. So zumindest war der Plan. ›Was eine einsame Kacke hier‹, dachte ich und fuhr die Straßen entlang. Eine halbe Stunde lang begegnete ich niemandem. Ich war frustriert. Mein Hunger wurde größer und meine schlechte Laune stieg weiter an. Dann, nach einer gefühlten Ewigkeit, traf ich auf ein Pärchen und konnte endlich nach dem Weg fragen. Die beiden zeigten nach Westen. Also folgte ich der Straße. ›Wenn das so weitergeht, ist mein Tank gleich am Ende‹, dachte ich und schüttelte nach einer halben Stunde frustriert den Kopf. Noch immer war kein Supermarkt in Sicht. Ich kontrollierte den Tank. Viel war da nicht mehr. Langsam, aber sicher stieg Panik in mir hoch. Nach einer Weile hielt ich an einem Rastplatz und wartete so lange, bis ich ein Auto anhalten konnte.

»Wie weit ist es bis zur nächsten Tankstelle?«, fragte ich eine junge Frau, die mit ihrem verbeulten Auto vorgefahren war. Ich weiß nicht, ob mein Italienisch so scheiße war oder die Frau einfach nur dumm. Sie zeigte nämlich nach Osten. Osten! Tja, so fand ich heraus, dass ich eine halbe Ewigkeit in die falsche Richtung gefahren war. Ich drehte also wieder um und betete. Nach gut 25 Kilometern blieb meine Suzuki Mangels Sprit liegen! Trotz beten, mitten in der Pampa und ganz allein. Es waren bestimmt an die dreißig Grad und mein Magen war noch immer nicht gefüllt. *Hatte ich schon erwähnt, dass ich vorher schlechte Laune hatte?*

Ja, ich hätte auch nicht gedacht, dass sie noch tiefer sinken könnte. Ich machte das Einzige, das mir in der Situation möglich war. Schieben. Ich schob mein Motorrad in der prallen Mittagssonne gute 20 Kilometer weit. 20 KILOMETER! Jedes Auto auf der Strecke zwischen Isola Rossa und Olbia fuhr einfach an mir vorbei. Es waren nicht viele Autos, aber sie fuhren eben alle vorbei. Jedem einzelnen Fahrer hätte ich am liebsten den Hals umgedreht. ›Gut, dass ich dafür mittlerweile viel zu schwach bin‹, dachte ich und bemerkte, wie ich immer langsamer und schlapper wurde. Ich war sauer. Müde. Durstig. Fertig. Ich war einfach komplett im Arsch.

Ich erreichte die Tankstelle erst weit nach Einbruch der Dunkelheit. Wie spät es war, wusste ich nicht. Aber spät. Verdammt spät! Am Nachtschalter bezahlte ich mein Benzin und bestellte mir einen einfachen Schokoriegel und Wasser. Ich exte die Flasche weg und bestellte mir gleich noch eine. Nachdem ich meinen Durst gelöscht hatte, verschlang ich den Schokoriegel. In meinem Leben hatte ich so etwas Leckeres noch nicht gegessen. Der Sabber lief mir im Mund zusammen. ›Köstlich‹, dachte ich. Nachdem mein Magen wieder was zu tun hatte, setzte ich mich auf mein Motorrad. Mein Plüschaffe schaute mich mit seinen großen Kulleraugen direkt an.

»Du verdammter Affe!«, sagte ich und streichelte über seinen flauschigen Kopf. »Du sollst Glück bringen und mich nicht so in die Scheiße reiten«, zischte ich und warf ihm einen bösen Blick zu. Meine Augen waren träge und ich hatte Mühe, sie noch länger offen zu halten. Gut einen Kilometer weiter stellte ich mein Motorrad ab und lehnte mich dagegen. Binnen Sekunden schlief ich ein.

Geweckt wurde ich durch die Sonne. Die Hitze ließ mich schwitzen. Mit meiner Suzi fuhr ich zurück zu der Tankstelle und fragte nach dem nächsten Supermarkt. Hier kaufte ich Brot und irgendeine gewürzte Tomatensoße. Ich setzte mich wie ein Obdachloser auf den Parkplatz und tauchte mein Brot in die Soße. Günstig, aber gut. Ich wurde satt und dachte nach. ›Meine Hirnleistung muss auf null gewandert sein‹, dachte ich mir und checkte erst jetzt, dass ich nicht mal einen Krankenwagen rufen könnte, wenn mir oder jemand anderem etwas passieren sollte. Tja und ich … ich war ja noch nicht mal in der Lage, ohne Handy eine Tankstelle zu finden. Komplett lost. Ich war offensichtlich nicht für die Steinzeit gemacht. Ich brauchte ein Handy.

»RIP«, flüsterte ich, als ich wusste, dass mein letztes Geld flöten gehen würde. Meine nächste Mission: Elektroladen. Mann, ich hatte so gar keinen Bock auf die Grütze. ›Was heißt Elektroladen auf Italienisch?‹, fragte ich mich und verzweifelte an der Sprache. Nicht mal ohne den Google-Übersetzer kam ich klar. Und die Italiener? *Glaubt mal nicht, dass die Englisch sprechen.* Ich eierte mehrere Stunden durchs Land, hielt fremden Menschen mein kaputtes Handy vor das Gesicht und wurde von einer Richtung in die nächste geschickt. Meine Laune sank in den Keller. Mittlerweile kannte ich die Insel auswendig. Und einen Elektroladen fand ich trotzdem nicht. Erst kurz vor Sonnenuntergang traf ich schließlich eine Person, die kompetent genug war, den Weg richtig zu beschreiben. ›Wenn der Laden jetzt schon zu hat‹, dachte ich und schaute auf den gefüllten Parkplatz, ›dann raste ich aus.‹ Aber der Laden war noch auf. Ich ging hinein und schaute mich nach der Handyabteilung um.

»Denkt man einmal, dass man viel Geld hat, und dann so eine Kacke«, raunte ich und schaute auf mein letztes Geld. 130 Euro. Ich kaufte mir irgendein billiges Chinahandy und verließ den Laden wieder. Das Erste, was ich damit machte, war, das italienische

Wort für »Elektroladen« zu googeln. Als es dann die Übersetzung »Negozio ELETTRICO« anzeigte schob ich den Lachkrampf meines Lebens. Wahrscheinlich hätte mich jeder Vollidiot verstanden, wenn ich einfach nur »Elektro« gesagt hätte. ›Was ein anstrengender Tag‹, dachte ich mir und stieg wieder auf mein Bike.

Den Rest des Abends fuhr ich mit meinem Motorrad die Straßen entlang. Die Sonne war bereits untergegangen und ich genoss den frischen Wind auf der Haut. Erst weit nach Mitternacht steuerte ich wieder einen Strand an. Ich zog meine Klamotten aus und schwamm eine Runde im Meer. Der Himmel war sternenklar und der Mond ließ das Wasser silbern glitzern. Ich ließ mich treiben, genoss das Rauschen der Wellen und bewunderte den Himmel. Ein unglaublicher Moment. Es fühlte sich an, als würde die Zeit stillstehen, als könnte dieser Moment ewig anhalten und als würde das Glück niemals schwinden. Ich sah eine Sternschnuppe. Sie erinnerte mich daran, dass die Uhr weitertickte. In dieser Nacht zählte ich meine vierzigste Schnuppe. Die Zeit lief dahin.

Am nächsten Morgen wachte ich schon früh auf. Ich setzte mich hin und ließ die Aussicht auf das offene Meer auf mich wirken. Das Rauschen der Wellen, der leichte Wind und das glasklare Meer ... stundenlang konnte ich einfach so dasitzen, die Augen schließen und das Salz auf meinen Lippen schmecken. Aber ich war mal wieder RIP und brauchte dringend einen Job. Ich schwang mich auf mein Bike und fuhr die Dörfer ab. Vor den Bars machte ich einen Stopp, sprang von der Suzi und spazierte grinsend in die Läden hinein. Grinsend hinein und mit schlecht gelaunter Miene wieder hinaus. Ich kassierte eine Absage nach der nächsten. Doch ich gab nicht auf. Natürlich nicht. Ich brauchte Geld und hatte abgesehen davon Bock auf Gesellschaft und Arbeit. Dann, nach knapp einer Woche, fand ich eine Bar in der Nähe von Cagliari, in die ich glücklich hinein- und glücklich wieder hinausspazierte. Ich hatte ihn! Einen Job auf unbestimmte Zeit.

Fast täglich half ich in der kleinen Bar aus. Ich lernte, wie man Cocktails mischte und Bier zapfte. Doch zu Beginn war ich einfach nur ein Lappen. Als ich das erste Mal Bier zapfte? Holla, die Waldfee, sah das Bier frustrierend aus! Kein Schaum. Gar nix. Einfach nur traurig. Ich weiß nicht, wie viel Bier im Abfluss oder meinem Magen landete, bevor ich das Zapfen beherrschte. Ich arbeitete durchaus das eine oder andere Mal angeschwipst. Gejuckt hatte das niemanden. Meine Kollegen machten es mir gleich. Es war eine geile Truppe und eine unvergessliche Zeit. Ich liebte es, in dieser Bar zu arbeiten. Eine Arbeit, die sich nicht wirklich wie Arbeit anfühlte. Mehr wie ein Hobby, bei dem ich viel zu lachen hatte. Mein Chef war wie ein guter Kumpel und meine Kollegen wie Freunde. Ein Arbeitsverhältnis, das ich so noch nie erlebt hatte. Mit schwarzem Rock, Motorradstiefeln und einem eng geschnittenen Arbeitsshirt teilte ich die Getränke aus. Ich teilte sie aus wie der letzte Dulli. Kennt ihr diese Kellner, die tausend Getränke auf einmal schleppen können? Ich dachte, ich wäre so einer. Oder zumindest wollte ich so einer sein. Unbedingt ... So lange, bis ich zehn Cocktails auf den Boden knallen ließ. Ich rutschte auf dem Steinboden aus und landete inmitten Tausender Scherben. Verletzt hatte ich mich nicht, stattdessen stand ich beschämt auf und suchte mit den Augen nach meinem Chef. Ein Chef, der lauthals zu prusten begann. Man, ich könnte mir keinen besseren Arbeitsplatz vorstellen. Oft spielten wir am Abend italienische Popmusik über die Lautsprecher ab und hatten Kerzen auf den Tischen aufgestellt. Es war so romantisch schön. Ich mixte die Cocktails, bewegte mich zu der Musik und grinste grundlos vor mich hin. Ich war glücklich. So verdammt glücklich. Ab und an bemerkte ich Blicke. Blicke, die auf mir klebten. Ehrlich? Ich genoss es. Das Gefühl der Anerkennung. Na ja, und das anschließende Trinkgeld, das in meiner Tasche landete, natürlich auch.

Den Touris beim Urlaub zuzusehen war irgendwie weird. Sie schienen so glücklich und frei. Lachten und tranken viel. Eine Zeit, die bei den meisten von ihnen ganz schnell wieder in der normalen Arbeitswelt enden würde. Eine Zeit, die bei mir anhielt. Schon viele Wochen ... und hoffentlich anhalten würde ... noch viele Wochen lang. Vor dem Feierabend mischte ich mir häufig einen fruchtigen Cocktail mit ein paar Minzblättern zusammen und ließ ihn in meiner Thermoskanne verschwinden. Später am Strand holte ich das Gesöff hervor, um es bei Sonnenuntergang zu genießen. Ich liebte mein Leben in diesen Momenten so sehr. Momente, in denen ich keine Sehnsucht nach Zweisamkeit hatte. Mir ging es gut. Schlichtweg gut.

Wenn ich mal nicht arbeitete oder mich am Strand sonnte, ging ich wandern. Ohne Ziel. Ich folgte klitzekleinen Feldwegen, hinauf auf die schönsten Berge, hinunter zu den schönsten Stränden. Oft fuhr ich mit meinem Motorrad eine Runde, genoss die Sonne auf der Haut und stellte das Bike am Straßenrand ab. Immer da, wo die Natur mich überwältigte. Mit meinen Motorradstiefeln stapfte ich los. Motorradstiefel, die von der Reise erzählten. Es kamen immer mehr Löcher und Klebebandstreifen hinzu. Sie wurden zu meinen beständigen Begleitern. Überall. Immer. So lief ich jetzt durch Büsche, Wälder und über Felsen hinweg. Der Weg war das Ziel. Häufig stand ich auf Bergen und genoss die Aussicht.

Stundenlanger Fußweg, der Schweiß rann mir den Nacken hinunter, Blasen an den Füßen bluteten und die Sonne brannte auf der Haut. Und doch, die Aussicht war es jedes Mal wert. Jeder Tropfen Blut, jeder Tropfen Schweiß war vergessen, wenn ich die Hände in die Luft streckte und den kühlen Wind auf der Haut genoss. Wälder, Dörfer und Seen schienen von hier oben jedes Mal so winzig klein. Genauso hatte ich mir immer Sardinien vorgestellt. Warm. Verlassen. Idyllisch. Es war eine unvergessliche Zeit, in der ich mich im Paradies angekommen fühlte.

Mittlerweile war es November. Es war frisch und ich begann in meiner Hängematte zu frieren. Immer häufiger verkroch ich mich in meinen Schlafsack und zog ihn weit über mein Kinn. So genoss ich die aufgehende Sonne und sah dabei zu, wie das Wasser zu glitzern begann. Obwohl es kälter wurde, sprang ich im Bikini ins Wasser. Es war arschkalt! Ich brauchte einige Zeit, um mich an die Temperatur zu gewöhnen, und schwamm anschließend weit hinaus. Meine Augen wanderten nach unten. Ich war erstaunt darüber, wie klar man die Felsen, Fische und Seeigel am Meeresgrund erkennen konnte. Ich wusste, dass der Meeresgrund weit unter mir lag, und doch packte mich die Angst vor diesen Seeigeln. Ich atmete hektisch, planschte im Wasser herum und schluckte Salzwasser.

Ich wagte einen Blick nach unten. Die Felsen kamen näher. Ich hielt die Füße so dicht es ging an der Wasseroberfläche und ruderte wie wild mit meinen Händen. Ich schaute an Land. Kacke! Der Strand war weit entfernt. Wieder schaute ich auf den Meeresgrund. Panik. Unter Wasser sah ich eine riesige Kluft. Zwei Felsen, zwischen denen sich ein breiter Spalt auftat, der ins Unendliche zu Fallen schien. Schwarz. Die Dunkelheit ließ mich nach Luft schnappen. Ich musste zurück an Land. Meine Kraft schwand, meine Augen brannten. Ich brauchte eine Pause. Schnell.

»Was stimmt mit mir nicht?« Ich war von dieser Angst völlig überrumpelt. Ich wurde schwächer. Jeder weitere Meter Richtung Land ließ mich zittern. Eine Strömung kam auf und zog mich mit sich. Ich spannte all meine Muskeln an und versuchte dagegen anzukämpfen. Ich ruderte mit allen Vieren. Ich gab, was ich konnte. Doch ich gab zu wenig ...

»Fuuuck!«, schrie ich und merkte, wie mir die Tränen in die Augen schossen. Ich kämpfte. Ich kämpfte so sehr. Lange. Doch dann gab ich auf. Schlagartig rissen die Wellen mich unter Wasser und ich verlor die Kontrolle.

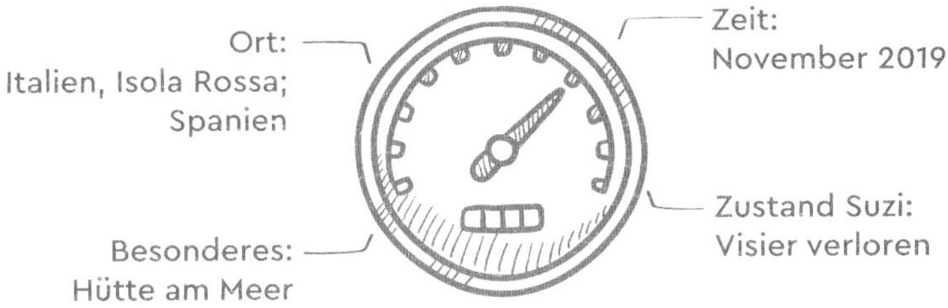

Kapitel 11

Scheiß Seeigel

Ich trieb auf einen Felsen zu, nah am Land. Immer wieder tauchte ich unter Wasser, bis die Strömung mich zurück an die Wasseroberfläche spülte. Ich spürte den Aufprall, als mein Körper gegen Steine knallte. Meine Haut am Rücken riss. Blut. Mit meinen Händen suchte ich Halt. Es dauerte einige Zeit, bis ich es schaffte, mich am Felsen festzuhalten. Atmen! Ich schloss die Augen und spürte, wie mein Körper sich langsam wieder mit Leben füllte. Erst jetzt bemerkte ich ein starkes Ziehen an meiner linken Hand. Ein Seeigel hatte sich tief in mein Fleisch gebohrt. Keuchend zog ich die Stachel heraus und warf den Seeigel zurück ins Meer. Ich ließ etwas Zeit vergehen, bevor ich die letzten Meter an Land schwamm.

Zurück am Strand schaute ich meine Wunden genauer an. Mein Rücken war auf. Doch sonderlich tief sahen die Risse nicht aus. Meine Hand hingegen machte Ärger. Ich säuberte die Wunde im

Salzwasser, schlüpfte in meine Kleidung und machte mich auf den Weg zu meinem Bike. Irgendwo hatte ich eine Verbandstasche. Ich durchwühlte die Tasche. Aus Pflastern und Verband, mit noch immer blutender Hand, versorgte ich die Wunden. Das Schwierige war, das Erlebte zu realisieren. *War ich gerade wirklich dem Tode näher als dem Leben gewesen? Habe ich gerade wirklich da draußen im Wasser getrieben und wäre fast untergegangen?* Tränen liefen meine Wange hinab, salzig sammelten sie sich in meinen Mundwinkeln. Tränen vor Glück, weil ich lebte? Tränen vor Schock? Am Ende lächelte ich. Lächelte, weil ich wieder etwas geschafft hatte und meine Stärke dem Leben gegenüber ein kleines Stück gewachsen war. Ich schwang mich auf mein Bike. »Autsch!« Der Rücken schmerzte höllisch unter der Kombi. Aber egal, ich brauchte noch ein paar Sachen, DRINGEND!

Die nächste Apotheke war zehn Kilometer entfernt. Eine Fahrt voller Schmerz. Ich betrat den Laden und bemerkte, wie die Blicke der Mitarbeiter mich wie Donnerblitze trafen. Verwirrt schaute ich auf meine Hand. Der Verband war voller Blut. Ich grinste. Das war irgendwie schon krass. Der Seeigel-Stich sollte ein Tattoo meiner Reise werden. Ich verließ den Laden mit einer Creme gegen Entzündungen. Ich klatschte sie auf die Wunden und ließ die Zeit verstreichen. Die Blutung stoppte und der erste Schmerz verging.

Von nun an kümmerte ich mich täglich um die Wunde. So lange, bis sie schließlich zu heilen begann. Mit dieser verletzten Hand schien Motorradfahren unmöglich. Lange Zeit blieb ich an einem Ort und setzte mich nur im allergrößten Notfall auf mein Bike. Wald war mein Zuhause. Die Arbeit hatte ich mittlerweile abgesagt und schaute dabei zu, wie mein Körper sich nach und nach wieder erholte. Ich war erstaunt darüber, wie lange es dauerte, bis ein Seeigel-Stich verheilte. Noch Wochen später konnte ich die Verletzung an meiner Hand spüren. Unter Schmerzen verstrich die Zeit nur schleichend. Alles spielte sich mehr wie in einem Traum ab. Damals traf ich in einem Dorf namens Isola Rossa auf einen alten Mann. Ein Bekannter meiner Familie, dessen Nummer ich von meiner Tante hatte. Ich freute mich auf Gesellschaft und setzte mich auf einen Cocktail zu ihm und seiner Familie an die Strandbar. Ich weiß noch, dass er mir irgendwie weise vorkam, mit seinen warmen Augen und der offenen Art. Als er jedoch wortlos einen Türschlüssel in meine Hand gleiten ließ, konnte ich es kaum glauben. Denn er stellte mir, ohne irgendetwas zu verlangen, seine kleine Ferienhütte zur Verfügung. In aller Ruhe beschrieb er mir den Weg und ließ mich gehen.

Ich folgte einem wunderschönen Pfad entlang der Küste. Meine Aufregung stieg. Mit meiner Suzi fuhr ich über eine Mischung aus Sand und Teer, als ich sie schließlich entdeckte: die Hütte! Mir stockte der Atem. Das Häuschen stand einsam und verlassen da. Mit seinem rot gestrichenen Holz leuchtete es mir schon von Weitem entgegen. Ein großartiger Moment! Ich stellte mein Motorrad ab und stolperte auf das Häuschen zu. Ich strich mit meinen Fingerspitzen über das Holz und sah dabei zu, wie die Farbe abblätterte und rot auf den Boden rieselte. ›Ups‹, dachte ich und zog meine Hand wieder zurück. Es war ein magischer Ort. Ich fühlte mich wie eine Prinzessin, angekommen in ihrem Palast. ›Nur, dass ich aussehe wie Abfall und das Haus wahrscheinlich 100.000 Jahre alt ist‹, dachte ich und grinste.

Als ich den Schlüssel ins Türschloss steckte und umdrehte ... Unbeschreiblich! Die Dielen der kleinen Hütte knarrten, als ich einen Schritt vor den anderen setzte. Überall an den Wänden hingen Landschaftsbilder. Ein bescheidenes Sofa, ein paar karge Möbel und eine Tischdecke mit Blumenmuster verliehen dem Raum Charakter. Aber der Duft darin fiel mir sofort auf. Dieser Duft, wenn lange nicht gelüftet wurde, Staub in der Luft stand und der Geruch von Holz sich breitmachte. Es roch nach Freiheit, als ich die Fenster sperrangelweit aufriss und der Wind mir die Haare ins Gesicht wehte. Ich fühlte mich zu Hause. Irgendwie angekommen. Das erste Mal seit vielen Tagen sah ich in einen Spiegel. Spinnweben hingen von seinem Rahmen. Meine Haare waren verfilzt, Dreck im Gesicht und meine Augen todmüde.

»Gott sei Dank zählen die inneren Werte«, sagte ich mir und schaute mich an diesem Tag kein zweites Mal an. Stattdessen stand ich ewig unter der Dusche und ließ heißes Wasser über meinen Körper laufen. Heißes Wasser! Etwas, was zu Hause so selbstverständlich ist und heute doch so einzigartig. Ganz vergessen hatte ich, wie sich das anfühlt. Dieses Prickeln auf der Haut. Ich strich mit meinen Fingern über meine Arme und war fasziniert von der Wärme. Ich lächelte. Plötzlich wusste ich eine einfache Dusche wertzuschätzen. Später am Tag kaufte ich eine Pizza. Ananaspizza! ›Einfach nur geil‹, dachte ich mir, als ich die frische Ananas, den knusprigen Rand und die Pizzasoße betrachtete. Mir lief schon jetzt das Wasser im Mund zusammen. Ich öffnete den Ofen, bereit, meine Pizza hineinzuschieben, drehte den Knopf und ... nix. Ofen kaputt, Affe traurig. Mist.

Natürlich war meine Laune am nächsten Morgen wieder top. Ich legte die Pizza in die knallige Sonne und fischte mir die Ananas heraus, setzte mich auf die Terrasse und richtete meinen Blick in die Ferne. Ein romantischer Weg schlängelte sich von der Hütte hinunter zu einem kleinen Strand. Ich folgte ihm und streckte die Arme aus. Mit den Händen strich ich über weiche Gräser. Ich fühlte mich zu Hause. Es war ein unbeschreiblich idyllischer Ort. Ein schneeweißer Sandstrand machte sich über Hunderte von Metern breit. Ich schloss die Augen und hörte, wie das Meer seine Wellen schlug. Ein altes Boot lag am Strand. Die Farbe war abgeblättert und das Boot wahrscheinlich seit langer Zeit unbenutzt. In den nächsten Tagen schnappte ich mir häufig einen kleinen Rucksack mit meiner Hängematte, einem Taschenbuch und etwas zu trinken. Aus einer Mischung von Laufen und Schwimmen machte ich mich mit dem Boot auf ins Wasser. Überprüfte noch mal, dass niemand mich sah, schnappte mir die Paddel und machte mich auf eine Tagestour. Meine Wunden verheilten hier rasch. Mir ging es wieder gut.

Der alte Mann sah in dieser Zeit oft nach mir und beobachtete mich. Ich war mir sicher, dass er wusste, wie sehr ich anfangs mit meinen Verletzungen zu kämpfen hatte. Dieser Mann hatte ein wirklich großes Herz, spürte die Not anderer und gab mir so viel Zeit, wie ich brauchte. Ohne dass er mich kannte, ohne dass wir jemals zuvor geredet hätten und ohne dass er mich mit seiner Hilfsbereitschaft befangen gemacht hätte. Das war wahre Nächstenliebe …

Keine Ahnung, wie lange ich an diesem zauberhaften Ort blieb. Vielleicht zwei Wochen. Vielleicht auch drei oder vier. Ich verlor das Gefühl für die Zeit. Ich paddelte wohl viele Stunden mit dem kleinen Holzboot herum und baumelte verträumt in meiner Hängematte. Duschen, Kochen und Schlafen … Ich konnte jede einzelne Zelle meines Körpers entspannen und genoss das Gefühl, für einige Zeit angekommen zu sein. Ich liebte es, mich unten am Strand hinzusetzen und die Sonne auf meiner Haut zu spüren.

Häufig nahm ich Stift und Papier mit und zeichnete, was immer mir gerade so in den Sinn kam. Portraits, Landschaftsbilder oder irgendwelche kindischen Mandalas. Alles. Vieles davon landete im Müll. Vielleicht auch alles. Ich hatte nie im Sinn, jemandem meine Zeichnungen zu zeigen. Vielmehr malte ich für mich selbst, für das Gefühl, das ich verspürte, wenn ich frei meine Gedanken aufzeichnete. Ich liebte diese Kreativität. Schon immer. So oft machte ich Bilder von mir, der Landschaft oder dem Motorrad. Ich setzte mich im Schneidersitz auf die Terrasse, machte mir den *Monkey Dance* an und bearbeitete meine Fotos nach Lust und Laune. Nach und nach postete ich das ein oder andere Foto auf Social Media und ließ die Leute da draußen zumindest einigermaßen Teil an meiner Reise haben. Ich wippte zur Musik und klappte den Laptop immer dann zu, wenn ich keinen Bock mehr hatte.

Ich genoss die Stille in »meinem« kleinen Häuschen sehr. Noch immer war es unbegreiflich. *Womit hatte ich das verdient? Die Hütte? Das Glück?* Ich checkte es einfach nicht. Ich hinterfragte es nach einer Weile nicht mehr, sondern genoss es. Häufig stellte ich mir den Wecker mitten in der Nacht, zog mir einen Strickpulli über und lief die Straßen rauf und runter. Einfach nur, um die nächtliche Stille zu genießen und den Sternenhimmel auf mich wirken zu lassen. Es gab eine Stunde, da zählte ich 31 Schnuppen. Ich muss wie der letzte Affe in den Himmel geglotzt haben. Der Mond und die Sternschnuppen waren unbeschreiblich schön. Ich traute mich nicht mal zu blinzeln, aus Angst, etwas zu verpassen. Die Schönheit zu verpassen. Die Zeit war perfekt. Ich schwöre es euch. Und das, obwohl ich in dieser Zeit oft an meinen Freund zurückdachte. Immer wieder erwischte ich mich dabei, wie meine Augen glasig wurden. Ich vermisste ihn. Ich vermisste seinen Geruch, seine Stimme und die Liebe, die er mir gab. Wie sehr wünsch-

Land:
DEUTSCHLAND

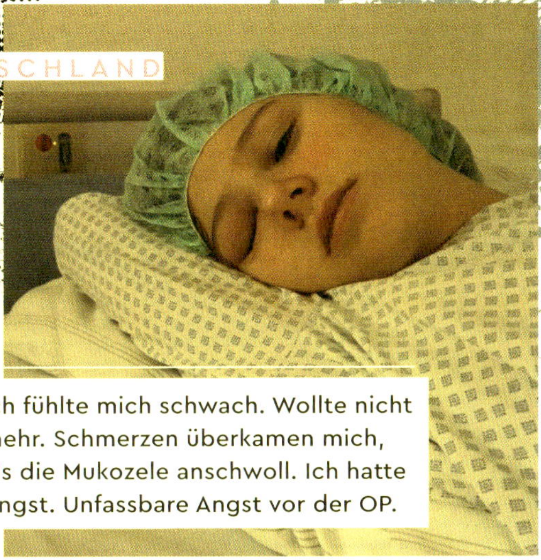

Ich fühlte mich schwach. Wollte nicht mehr. Schmerzen überkamen mich, als die Mukozele anschwoll. Ich hatte Angst. Unfassbare Angst vor der OP.

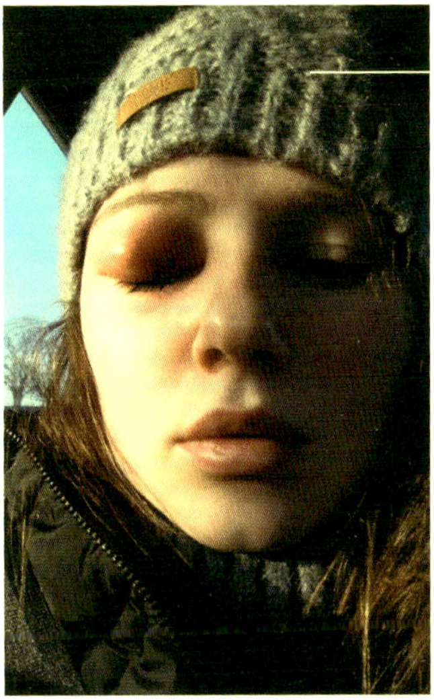

Abgesehen davon, dass das Krankenhausessen scheußlich schmeckte, war ich auf dem Weg der Besserung. Die OP war überstanden und ich wartete ungeduldig auf meine Entlassung.

Die Reise begann. Ich chillte gerade irgendwo in der Schweiz. Hoffnungslos hatte ich mich verfahren, sollte aber Halt an meinem Plüschaffen finden.

Träumerisch lag ich im Zelt und blickte auf die Berge. Pure Freiheit machte sich in meinem Körper breit.

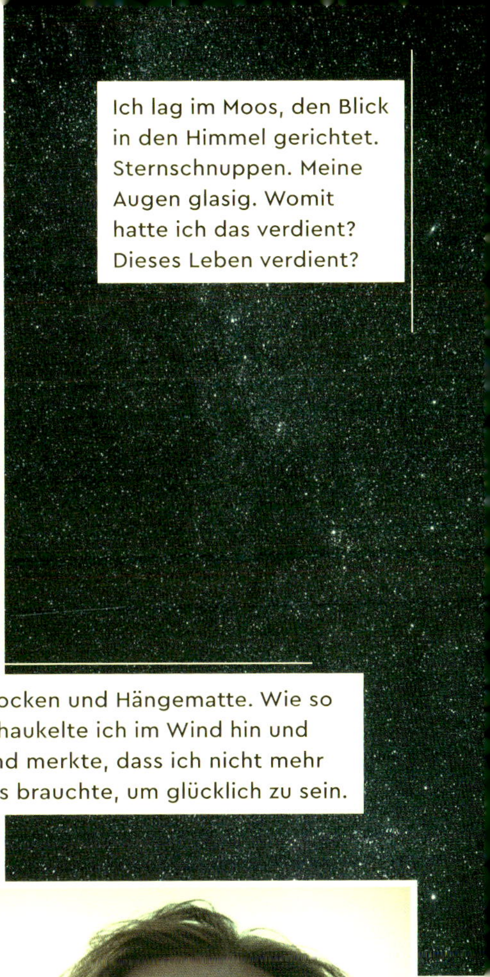

Ich lag im Moos, den Blick in den Himmel gerichtet. Sternschnuppen. Meine Augen glasig. Womit hatte ich das verdient? Dieses Leben verdient?

Wollsocken und Hängematte. Wie so oft schaukelte ich im Wind hin und her und merkte, dass ich nicht mehr als das brauchte, um glücklich zu sein.

Der Moment, als ich im Dreck saß, der aufgehenden Sonne entgegenblickte und zu grinsen begann.

Strommast. Der perfekte Schlafplatz. Nachdenklich schaukelte ich über den Lichtern Pisas und genoss die frische Brise auf der Haut.

Die Sonne knallte, mit safe 100 Grad, auf mich und mein Bike. Ich schwitzte wie Sau und war kurz davor, unter dem schweren Gepäck meines Rucksacks zusammenzubrechen.

Das Wetter war geil und ich verdammt faul. In dieser Nacht schlief ich auf dem Boden.

Sardinien hatte die besten Klippen zu bieten. So oft es ging, sprang ich ins glasklare Wasser, um volle Kanne mit einem Bauchklatscher auf die Wasseroberfläche zu klatschen. Ich werde es nie lernen …

Ich traf auf eine Großfamilie, die mich mit Essen vollstopfte und mein Glas immer wieder mit Wein nachfüllte. Ich nahm safe 10 Kilo in einer Woche zu, während meine Leber sich schon lange verabschiedet hatte. Ich will nicht lügen: Eine der geilsten Zeiten meines Lebens hatte begonnen.

Oft chillte ich einfach so vor mich hin. Strich mit meinen Fingerspitzen über den weißen Sand, den Felsen, das Wasser ... Ein Gefühl von Heimat überfiel mich und ich begann zu realisieren, dass mein »Zuhause« die weite Welt war.

Traumhaftes Wetter, glasklares Wasser und weißer Sand. Ich packte meinen Bikini aus und gammelte tagelang am Strand herum. Mein schneeweißer Körper nahm den Farbton einer Tomate an.

In Spanien traf ich auf Menschen, die teilweise alles verloren hatten. Starkregen. Die Dämme brachen und Hunderte von Menschen verloren nahezu alles. Autos, Häuser, Tiere. Ich erkannte, wie viel ich hatte, und begann mein Leben noch mehr wertzuschätzen.

Mit einem Ultraleichtflugzeug ging es hoch hinaus. Der Motor ratterte belastend vor sich hin und unter mir machten sich die Klippen breit. Ein unvergessliches Abenteuer wartete auf mich …

Land: SPANIEN | Teneriffa, Pico del Teide

Die Bremsen quietschten und der Motor ratterte, als ich mit meiner alten Karre hoch zum Teide fuhr, dem höchsten Berg Spaniens. Die Aussicht war gigantisch.

35 Grad Außentemperatur. Ich schwitzte mir einen ab und sah dennoch auf die Schneeberge Spaniens. Ich war glücklich und erfüllt.

In meinem Schlafsack lag ich im weichen Sand, strich mit meinen Fingern durch die Gräser und hörte dem Rauschen der Wellen zu. Fast jeder Ort schien auf seine eigene Art und Weise einzigartig schön zu sein.

Land: SPANIEN | Teneriffa und Lanzarote

Das erste Mal in meinem Leben ging ich Paragleiten und – ahhhhggg – ich liebte es. Von oben schaute ich auf die Kitesurfer und konnte es kaum erwarten, weitere Abenteuer zu erleben.

Vulkane, überall. Lanzarote schien mir so unverwechselbar schön, einsam, ja, fast schon karg. Überall schlug ich mein Zelt auf. Fühlte mich gleichzeitig so sicher und verlassen.

Ich legte meinen Kopf in den Nacken. Der Mond ließ den Himmel in einem magischen Licht erstrahlen. Aufgeregt zählte ich die Sternschuppen. 1 …, 2 …, 7 …

Stinkende, dreckige Schuhe. Willkommen in einem Teil meines »real life«, der mich das eine oder andere Mal in den Wahnsinn getrieben hat.

Lanzarote: Eine der kanarischen Inseln, die ich etwas länger bereiste. Meine rostige Karre machte immer mehr Probleme und doch trug sie mich, immer noch sicher, von einem Schotterweg zum nächsten.

Land: SPANIEN | Teneriffa, Pico del Teide

Ich stand auf meinem Bike und blickte auf den Pico del Teide. Unter mir machten sich die Wolken breit und es fühlte sich an wie Fliegen. Schwerelos. Frei.

Mein Traum schien zu zerbrechen, als mein rostiges Motorrad nach und nach auseinanderfiel. Ein Schicksalsschlag sollte auf den nächsten folgen …

te ich mir, in seinen Armen zu liegen und seine Hand in meiner zu spüren. Ihn zu sehen, zu riechen und zu lieben. Wieder einmal wurde mir klar, wie weit wir voneinander entfernt waren. Im selben Moment so unfassbar erfüllt und glücklich, an einem Ort zu sein … im anderen Moment, einen Menschen aus meinem Leben gleiten zu sehen … *Hatten wir überhaupt noch eine Chance?*

Es war Ende November. Eine Antwort auf die Frage blieb aus. Noch. Dabei quälte mich dieses Thema seit Monaten. Seit so langer Zeit trug ich diese Last mit mir herum und sah dabei zu, wie mich meine Gedanken kaputtmachten. Ich wollte reisen und doch wollte ich bei ihm sein. Ich wollte Distanz und doch wollte ich seine Nähe. Ich war glücklich wie nie zuvor und trotzdem vergoss ich meine Tränen, als ob ich ein verdammter Wasserfall wäre. Und warum? Weil ich am Ende doch ganz genau wusste, dass ich im Moment so vieles über meine Liebe stellte. Die kleine Hütte, die Freiheit, den Blick in die Galaxie und die neuen Erfahrungen, die ich auf meiner Reise machen durfte. Ich war selbst schuld, dass mich diese Gedanken innerlich zerfraßen. Ich hasste mich dafür. So sehr. Und mal ganz nebenbei … wenn die Liebe mich auf meiner Reise so kaputtmachte, wie ging es Malte dann zu Hause? Wie konnte ich ihm das zumuten? Wie, verdammte Scheiße, konnte ich ihm so eine Freundin sein? Wie? Mit gemischten Gefühlen tröpfelte die Zeit dahin und die Beklemmung wuchs. Vielleicht kann man sich das vorstellen wie einen Tellerrand; darüber hinaus gab es doch noch so viel … Egal, wie glücklich mich Sardinien machte. Ich wollte mehr. ›Jetzt bin ich genauso bescheuert wie jeder andere Mensch dieser Welt auch‹, dachte ich und gab mich nicht mit dem zufrieden, was ich hatte. Und trotzdem existiert doch dieses Sprichwort: Man soll gehen, wenn es am schönsten ist. Und das tat ich. Noch am selben Abend suchte ich die günstigsten Fährverbindungen heraus und buchte kurzerhand eine Fahrt von Porto Torres nach Barcelona. Die Stadt, die vor mir lag. Sardinien, die Insel, die hinter mir liegen würde.

Spontan sammelte ich all meine Sachen zusammen, schnürte das Gepäck auf mein Bike und machte mich auf den Weg zum Fährhafen. Ich hinterließ einen Brief an den alten Mann, der mir mit der kleinen Hütte so viel gegeben hatte. Vertrauen, Liebe und unbezahlbare Erinnerungen. Nie würde ich diese Zeit vergessen. Ich war ihm unendlich dankbar ... Schließlich musste ich ordentlich am Gas drehen, um die Fähre noch rechtzeitig zu erreichen. Ich fuhr knappe 150 km/h und ballerte wie wild die Straßen entlang. Barcelona. Ich war aufgeregt. Mittlerweile war es doch schon einige Zeit her, dass ich eine größere Stadt angefahren hatte. Mein ganzer Körper kribbelte bei dem Gedanken an Hochhäuser, Fressbuden und die Lichter einer großen Stadt. Ich sah auf die Uhr. Es war kurz vor Mitternacht. »Knack!«, das war mein Visier. ›Fuuuck‹, dachte ich und drehte mich um. Das Visier verfehlte nur knapp das Auto hinter mir und zerschmetterte dann auf dem Seitenstreifen.

»Ganz toll!« Ich hielt am Straßenrand an, durchwühlte meine Tasche, fand eine Schwimmbrille und setzte sie auf. Auch wenn ich affig aussah, flogen mir wenigstens keine Mücken mehr ins Gesicht. Dann erreichte ich den Hafen. Es war stockdunkel und der Wind ließ mich frieren. Die Nächte waren mittlerweile kälter und deutlich länger. Ich sah mich um. Keine Autos weit und breit. Die Zeit verstrich. ›Komisch‹, dachte ich und schaute auf die Uhr. Die Fähre würde jede Minute abfahren. Doch weder Autos noch eine Fähre waren in Sichtweite. So stand ich völlig alleine auf einem riesigen Platz und fror mir den Arsch ab. Ich kramte mein Ticket hervor, um die Abfahrtszeit zu überprüfen. »Ufff«, machte ich, als ich den Fehler fand. Es war das Datum. Ich war über die Straßen Sardiniens gerast, nur um jetzt festzustellen, dass die Fähre erst am nächsten Tag abfuhr. Ich drehte mich einmal im Kreis. Wo zur Hölle sollte ich jetzt pennen? Straße. Teer. ›Auf eine bequeme Nacht‹, dachte ich und packte meinen Schlafsack aus. Ich hatte meine dickste Jacke übergeworfen, war in die wärmsten Socken geschlüpft und hatte den Schlafsack bis hoch zu meinem Kinn gezogen. Und trotzdem zitterte ich vor mich hin. ›Es ist gerade mal November‹, dachte ich und schaute auf meinem Handy nach, wie viel Grad wir hatten. 11. ELF Grad. Was für eine Pussy ich geworden war. Ich zwang mich dazu, meine Augen zu schließen und Schlaf zu finden.

»Krass, wie ich die letzten Wochen mit Sonne verwöhnt worden bin.« Ich träumte vom himmelblauen Meer.

Motorgeräusche weckten mich. ›Die Fähre fährt ab!‹, dachte ich panisch und machte mir Vorwürfe, warum ich mir keinen Wecker gestellt hatte. ›Wie dumm kann man sein!‹, ärgerte ich mich, bis ich schnallte, dass lediglich irgendwelche Autos an mir vorbeifuhren. Es war früh am Morgen und die Fähre würde noch lange auf sich warten lassen. Ich steckte mir Ohrstöpsel ein und vertrieb mir die Zeit mit Musik. Stunden vergingen, bis eine ältere Frau auf mich zukam und mir die Stöpsel aus den Ohren zog.

»Bier?«, fragte sie und hielt mir eine Dose vor die Nase. Verblüfft und lachend zugleich ergriff ich das Bier und stieß mit ihr an. ›Praktisch‹, dachte ich und freute mich darüber, kein Wasser kaufen zu müssen. Manchmal war mein Sparmodus schon nahezu krankhaft. Die Frau reichte mir eine zweite Dose. Wirklich glücklich, keine Wasserflasche kaufen zu müssen, war ich an dieser Stelle nicht mehr. Mir war einfach nur übel. Mein Magen knurrte und mir wurde zunehmend schwindeliger. Die Frau riss irgendwelche Themen an und ich hatte Schwierigkeiten, dem Gespräch zu folgen. ›Ich bin stockbesoffen‹, dachte ich und versuchte aufzupassen, was ich von mir gab. Kennt ihr das? Wenn man echt leise oder nur bedacht seinen Mund aufmachen will und am Ende doch ununterbrochen quasselt? Das bin ich mit Alkohol. Das einzig Gute daran war, dass ich mich nie wieder daran erinnern sollte, was für einen Bullshit ich gelabert hatte. Ich war noch lange nicht nüchtern, als die Fähre schließlich anlegte. Alles, was ich tun musste, war, auf mein Bike zu steigen und am Gas zu drehen. Was mir gerade einfach nur unmöglich schien. Als ich dann auch noch ein Polizeiauto vorfahren sah, stockte mir der Atem.

»Nicht kotzen«, flüsterte ich und versuchte ganz normal zu wirken. Ich lächelte den Beamten zu und winkte wild. »WTF? Was stimmt denn mit dir nicht?« Ich versuchte, mich wieder zu zügeln. Zu spät. Der Polizeiwagen rollte straight auf mich zu. ›Ich vertrage wirklich keinen Alkohol‹, dachte ich und schaute auf die zwei Bierdosen, die vor mir auf dem Boden lagen. Die Dosen, die die Polizei wohl auch entdeckt hatte. Realtalk? Die Bullen stiegen zwar aus dem Auto und suchten das Gespräch, wirklich interessiert an meinem Alkoholpegel waren sie allerdings eher weniger. Sie erklärten mir vielmehr, dass es sie nicht juckte, ob ich besoffen Motorrad fahre oder nicht. ›Die machen einen guten Job‹, dachte ich lachend und mir wurde klar, warum alle Italiener so riskant Auto fahren. No Front.

Kapitel 12

Fahren wie die letzten Deppen

Fast die gesamte Fahrt hatte ich verpennt. Ich wollte nur kurz die Augen schließen und schlummerte am Ende doch mehrere Stunden vor mich hin. Über einen Schlafplatz in Barcelona musste ich mir keine Gedanken machen. Ich hatte mir ein Airbnb gebucht und konnte ganz entspannt ankommen. Kurz nach Mitternacht erreichte die Fähre Barcelona.

»Spanien!« Ich konnte ein weiteres Land auf meiner Reise dazuzählen. Barcelona erschien mir riesig. Die Stadt erstrahlte mit ihren tausend Lichtern und versprach Abenteuer. Lange war es her, dass ich eine Stadt wie diese besucht hatte. Auf Sardinien war mein Leben so einsam gewesen, dass mich die Geräusche und vielen Lichter der Stadt fast überforderten. Ich drehte am Gas. Mein Motorrad lief ungewöhnlich unruhig.

»Bitte repariere dich einfach von alleine«, betete ich und hoffte, ohne Probleme zum Airbnb zu finden. Obwohl es mitten in der

Nacht war, schlief der Verkehr nicht. Die Straßen waren gut befahren und das laute Hupen ließ mich immer wieder aufschrecken. Die Autofahrer fuhren wie die Bekloppten und kaum einer hielt seine Spur. Kreisverkehre waren eine Katastrophe. Wenn es vier Spuren gibt, dann machen die Spanier auch gerne mal acht daraus. Selbst auf der kurzen Distanz, die ich zurücklegte, erlebte ich es ganze zweimal, dass sich Fahrer gegenseitig Dellen in die Autoseiten fuhren. Während ich erschrak, fuhren sie einfach weiter. Hupende und ineinander prallende Autos waren hier anscheinend ganz normal. Jucken tat das niemanden, das schien die Norm zu sein. Es interessierte einfach niemanden. ›Gut, fahr einfach wie der letzte Spasti‹, sagte ich mir und schlängelte mich an den Autos vorbei. So lange, bis jede Lücke zu klein schien. Die gesamte Straße war blockiert. Das Auto hinter mir schien das allerdings nicht verstehen zu können. Es fuhr volle Kanne in mich hinein. Ich hatte keine Chance, mein Motorrad zu halten, und knallte auf den Boden. Mit dem Helm schlug ich auf der Straße auf und merkte, wie mein Kopf zu dröhnen begann. Ich sah Sterne, als mich ein Schmerz überkam. ›Scheiße‹, dachte ich und richtete mich langsam auf. Ich scheiterte. Meinem Kopf ging es zwar einigermaßen gut, aber das Bike hatte mein Bein eingeklemmt. Der Schmerz wurde stärker. Der Verkehr lief weiter. Langsam. Noch immer lag ich am Boden. ›Warum hilft mir denn niemand?‹, fragte ich mich. Ein Auto nach dem anderen fuhr im Schritttempo an mir vorbei. Sogar der Fahrer, der mich umgenietet hatte, fuhr dumm glotzend an mir vorbei.

»Danke für nichts!« Ich verstand einfach nicht, wie man so ignorant sein konnte.

Endlich lief eine Frau auf mich zu. ›Oh shit!‹, dachte ich mir und begutachtete ihre dünnen Oberarme. ›Das wird niemals was‹, dachte ich und betete, dass die Frau wusste, wie man ein Motorrad richtig aufstellt. Na ja, sagen wir so: Sie gab ihr Bestes. Wirklich. Und doch rührte sich meine Suzuki nicht vom Fleck. Erst als andere Passanten auf das Spektakel aufmerksam wurden und zu Hilfe eilten, schaffte man es, mich zu befreien. Nachdem ich mich bedankt hatte, nahm ich meine Maschine entgegen und wagte einen Blick auf mein Baby. Sie sah schrecklich aus. Einfach nur schrecklich. Die gesamte Verkleidung war kaputt. Frustriert schob ich mein Motorrad an den Straßenrand und merkte, dass mein Bein mit der Last zu kämpfen hatte. ›Hoffentlich nur ein blauer Fleck‹, dachte ich und stellte das Motorrad ab. Ich untersuchte das Bike, strich über die Verkleidung und sah, wie kleine Plastikteile auf den Boden rieselten. ›Frustrierend‹, dachte ich und begutachtete das Desaster. So konnte ich auf keinen Fall weiter! Müde durchwühlte ich meine Taschen.

»Wo ist denn jetzt dieses Scheiß-Klebeband?« Nachdem ich Kabelbinder und auch das Tape in der untersten Ecke meines Koffers gefunden hatte, machte ich mich an die Arbeit. Ich suchte alle Plastikteile zusammen und fing an zu puzzeln. ›Kann mir nichts besseres vorstellen‹, dachte ich genervt, als ich ein Plastikstück nach dem anderen an meine Suzuki klebte. Zusammen mit dem Kabelbinder war die Verkleidung fast wie neu.

»Ranzig, aber machbar!«, sagte ich zu meinem Affen und klopfte mir zum Lob auf die Schulter. Mit meinem Motorrad, das mittlerweile genauso scheiße fuhr, wie es aussah, machte ich mich weiter auf den Weg. Spät in der Nacht erreichte ich das Airbnb. Elena, eine ältere Dame, machte mir mein Bett zurecht, zeigte mir das Zimmer und bot mir eine heiße Dusche an. Dankend lehnte ich ab und fiel todmüde in mein kleines Bett.

Am nächsten Morgen wurde ich zum Frühstück geweckt. Ich schaute auf die Uhr. ›Es ist sieben? SIEBEN UHR!‹, dachte ich und versuchte ein freundliches Gesicht aufzusetzen. Richtig geklappt hat das eher weniger. Die nette Dame konnte wohl Gedanken lesen.

»Frühstück steht auf dem Tisch«, sagte sie lächelnd und schloss leise die Tür. Binnen Sekunden schlief ich wieder ein. Frühstück hatte ich später dann so gegen eins. Zeit, Barcelona zu erkunden. Ich montierte meine Stoffkoffer am Bike, verabschiedete mich von der Dame und machte mich auf den Weg Richtung Innenstadt. Ich war überwältigt von der einzigartigen Architektur, der Kultur und den beeindruckenden Bauten. Eines der tausend Gebäude sollte ich kurz darauf von innen sehen dürfen. Genau! Eine fucking Werkstatt. Mein Bike gab den Geist auf. ›Hätte ich mir auch gleich denken können‹, dachte ich, als mein Motorrad stotternd stehen blieb. Ich begann also mal wieder zu schieben. Vier Kilometer. Ich warf meinem Glücksaffen trotzdem einen finsteren Blick zu. Das Problem? Die Batterie. Das Ding hatte ganze 13 Jahre auf dem Buckel und war für eine Weiterfahrt unbrauchbar. Belastend war allerdings der Preis.

»90 Euro im Arsch.« Ich würde wieder einmal mein letztes Geld aus dem Fenster schmeißen.

Dann brach der Abend wieder an. Ich stieg auf mein Bike und verließ die Stadt. Über Nacht wollte ich auf keinen Fall in den überfüllten Gassen pennen. Stattdessen drehte ich am Gas und suchte mir ein abgelegenes Feld, auf dem ich mein Zelt aufschlug. Am nächsten Morgen machte ich mich weiter Richtung Valencia. Ich war broke. Ich hatte kein Geld, nur noch eine Tankfüllung und an diesem Tag besonders wenig Gehirnzellen. Mautstation. Ich, natürlich komplett lost, drückte auf den Knopf, zog einen Zettel und fuhr seelenruhig über die überteuerte Straße. Zwei Stunden später ... es machte klick. Man muss schon einen IQ von Null besitzen, um nicht zu schnallen, dass man an einer Mautstation stand. ›Wie will ich den Rotz jemals bezahlen?‹, fragte ich mich und hielt auf einem Rastplatz an. Auf mich würden gut 40 Euro zukommen. Geld, das ich nicht hatte. ›Belastend‹, dachte ich und ärgerte mich tierisch über mich selbst. Na ja, irgendwie musste ich da jetzt durch. Also schwang ich mich auf mein Motorrad und versuchte ruhig zu bleiben. So richtig entspannen konnte ich mich allerdings nicht. Als sich dann auch noch meine Tankfüllung dem Ende neigte, war mir klar: »Ich bin am Arsch!«

Ich sah die Mautstation. Panik. Ich bremste auf Schritttempo herunter. ›Oh, Kacke‹, dachte ich, als ich der Station rollend näher kam. Als ich dann vor dem Automaten stand, den Zettel reinschob und die 40 Euro von mir verlangt wurden ... Ja, da fing ich an zu schwitzen. Ratlos stand ich vor dem Metallhaufen und starrte die Zahl an. Nach und nach reihten sich Autos hinter mir ein. Verwirrt schauten sie zu, wie ich dastand und den Automaten anglotzte. Auf meinem Kopf ein Helm mit Schwimmbrille. Lost. Einfach nur lost. ›Ach, du heilige Scheiße!‹, dachte ich, als ich auf den Stau blickte, den ich produziert hatte. Ein Autofahrer hupte. ›Ruhig, ruhig‹, dachte ich und versuchte mein Gehirn anzuschalten. Die ganze Situation war verdammt unangenehm.

Die ersten Autos drehten um und reihten sich in einer anderen Spur ein. Ich hingegen wollte einfach nur im Boden versinken. Weg und nie wiederkommen. Ich wischte mir einen Schweißtropfen von der Stirn und stellte mein Motorrad ab. Ich hielt Ausschau nach einem Bediensteten. Minuten vergingen. Endlich entdeckte ich eine

Person in Leuchtweste. ›Meine Rettung‹, dachte ich und lief auf sie zu. Auf Englisch bat ich um Hilfe.

»Fuuck«, flüsterte ich, als mich nur ein schräger Blick traf. Ich zog die Schwimmbrille aus und versuchte es erneut. Ohne Erfolg. Mit Englisch kam ich hier nicht weiter. Also fing ich an, mit den Händen und Füßen zu rudern. Der Bedienstete schien das Problem trotzdem zu erkennen und bot mir einen Rabatt von 10 Euro an. »Ist ja nur ein halbes Auto«, schien er mir vermitteln zu wollen.

Ich bedankte mich. Viel weiter war ich damit allerdings immer noch nicht. Ich brauchte Geld. Schnell. Meine Idee? Ich kramte mein Shampoo und ein Shirt hervor. *Kennt ihr diese Leute, die mit ihrem Putzmittel über die Straße laufen und für Geld irgendwelche Autos putzen? Nein? Ich auch nicht.* Aber so oder so ähnlich war meine Mission.

»An die Arbeit«, sprach ich mir selbst zu, hielt das Shirt in der einen und das Shampoo in der anderen Hand. Fast schon schüchtern schaute ich auf die vielen Autos, die einfach nur durch die Mautstation wollten. ›Die müssen mich einfach nur hassen!‹, dachte ich und stellte mich auf böse Blicke ein. Egal, ich war auf das Geld angewiesen und wollte nicht stumpf betteln gehen.

»Da müssen die jetzt durch.« Ich lief auf die Autos zu. Ich schiss mir vor Scham fast in die Hose, als ich mein Shirt und das Shampoo in die Luft hielt. Lachen. Ich sah mich um. Ein Autofahrer konnte sich das Kichern nicht verkneifen. ›Besser als genervte Blicke‹, dachte ich mir und freute mich, seinen Tag versüßt zu haben. Ziemlich schnell war klar: Das Mädel ist komplett lost. Ich ergatterte innerhalb kürzester Zeit das eine oder andere Mitleidsgeld. Genug, um die Maut zu zahlen. Ich war jedem einzelnen Fahrer unendlich dankbar. Ob er mir Geld gab oder nicht. Sie haben mich einfach ertragen und nahmen die komische Situation mit Humor.

Nicht einer schaute mich schief von der Seite an. Spanien gefiel mir immer besser. Die Fahrer in der Warteschlange waren einigermaßen gelassen und nahmen es nicht so ernst. ›Von denen könnte sich manch anderer mal eine Scheibe abschneiden‹, dachte ich mir und fütterte den Automaten mit meinem frisch verdienten Geld.

Ich wartete, bis sich die Schranke öffnete, und sah zu, dass ich die Autobahn schleunigst wieder verließ. Ich fuhr eine einsame Landstraße entlang und realisierte, was für ein Glück ich gehabt hatte. Ich stellte mir vor, wie ich das Spülmittel auf die Autoscheiben geschmiert hätte. Definitiv wäre das in einer Katastrophe geendet. Gut, dass mich niemand putzen ließ!

Nachdem ich den peinlichen Tag irgendwie überstanden hatte, kaufte ich mir ein Brötchen und Tomatensoße. Die restlichen fünf Euro steckte ich in meinen Tank und ließ Valencia erst einmal hinter mir. Der Tag war gerettet. Ich wollte mein Zelt auf irgendeinem Acker aufschlagen. Planlos fuhr ich die Wege entlang und bog schließlich auf einen abgelegenen Feldweg, etwas abseits der Stadt ab. Es war matschig und verdammt holprig. Keine Ahnung, wie oft ich an diesem Tag mit meiner Suzuki auf den Boden knallte, aber es war oft. Sehr oft. Trotzdem, am Ende des Tages stand das Zelt und ich konnte genüsslich mein Abendbrot essen.

Kapitel 13
Lisas Lippen

Am nächsten Morgen machte ich mich auf die Suche nach einem Bauernhof. Ich roch unter meinen Armen. Ich stank. Es war Zeit für eine Dusche. Mein Körper war zu einem Gerippe mutiert und ich konnte das eine oder andere Festmahl vertragen. Ich packte mein Zelt zusammen, fiel noch das eine oder andere Mal mit der Suzi hin und fuhr schließlich die Landstraßen auf und ab. Ich genoss den frischen Wind und das Fahren. »Das Biken wird einfach nie langweilig!«, dachte ich und drehte freudig am Gas. Der Tag zog dahin. Ich vergaß die Zeit und fuhr gegen Abend Bauernhöfe nahe Valencia an.

»Mal wieder meine Finger wund ackern«, beschloss ich schmunzelnd. Schon auf dem ersten Hof war meine Hilfe willkommen. Viele Felder, ein heruntergekommenes Haus und alte Trecker, sowie ein wenig Vieh. Leidenschaftliche Bauern, die mich mit einem Lächeln aufnahmen. Oma und Opa, Eltern, drei Jugendliche und vier Kleinkinder. Noch am selben Abend spielten wir Karten, lachten und aßen eine köstliche Pasta. Und dann ... dann ging die Arbeit los. Gute sechs Stunden am Tag melkte ich Kühe, half auf den Feldern und kochte fast täglich Essen für die Familie.

Lustigste Story: Ich war bereit zum Melken. Der Bauer kam auf mich zu, reichte mir ein paar Handschuhe, und ich? Ich war so dämlich und schnallte nicht wofür.

»Sind doch nur Zitzen«, antwortete ich und lehnte die Handschuhe dankend ab. Bro, die Kühe haben meine ganzen Hände vollgeschissen. Aber komplett. So richtig gut ging es mir danach nicht. Ich hatte Scheiße im Gesicht, in den Haaren und so gut wie an jeder Stelle meines Körpers. Gott sei Dank hab ich mich nicht auch noch übergeben.

Nachdem die Tage so »sauber« durchs Land zogen, verbrachte ich die Abende in der Stadt. Jedes Mal war ich fasziniert von den vielen Lichtern, den Fressbuden und den Hochhäusern, die in den Himmel emporragten. Wenn ich die Gebäude in Valencia bestaunte, war ich fasziniert. *Wie war es möglich, dass Menschen so etwas erschaffen konnten?* Ich lief die Promenade entlang und verschwand das eine oder andere Mal in einer Disco. Ich genoss die Gesellschaft und tanzte. Wahrscheinlich verdammt schlecht, aber das war mir mittlerweile egal. Ich merkte, dass ich mich veränderte. Während die Meinungen anderer Menschen mir zu Beginn meiner Reise nicht egal gewesen waren, gingen sie mir mittlerweile komplett am Arsch vorbei. ›Ich leb ja schließlich für mich und nicht für andere‹, dachte ich und tanzte ausgelassen vor mich hin.

In dieser unbeschwerten Zeit traf ich auf viele verschiedene Menschen. Leute, die auch alleine in den Bars oder den Discos chillten.

›Menschen, die genau waren wie ich‹, dachte ich und schloss neue Freundschaften. So auch Lisa. Ein Mädel, das ich in einer Bar kennenlernte und mir mit ihr die Seele aus dem Leib tanzte. Wir hatten einen unvergesslichen Abend. Unvergesslich schön, bis Lisa anfing zu reden. Ihr Englisch eine absolute Katastrophe. Mein Spanisch ebenfalls. Kommunikation lief also top! Unter Alkohol verständigten wir uns trotzdem irgendwie. Ich war ordentlich beschwipst und brauchte frische Luft. Dringend. Mir war verdammt schlecht, als ich mit Lisa den Club verließ. Wir setzten uns kichernd auf einen Bordstein und versanken in einem schrecklichen Redefluss, gemixt aus Englisch und Spanisch. Ich verstand nicht ein Wort. In meinem Zustand juckte mich das aber eher weniger. Ich nickte ab und zu eifrig, um zu vermitteln, dass ich noch am Leben war. Stille. In meinen Gedanken war ich ganz woanders, als Lisa ihre Lippen plötzlich auf meine presste …

›Hmmm‹, dachte ich mir und fand die ganze Situation belastend. Lisa sabberte an mir herum und fing an, meinen Hals abzuschlabbern. Ich mochte sie. Wirklich. Aber nur als eine Bekannte, mit der ich eben getanzt hatte. Sanft drückte ich sie von mir weg und sollte die Situation damit nur noch unangenehmer machen. *Kennt ihr das, wenn niemand was sagt?* Ja, bei uns war eine Schweigeminute eingetreten. Wir saßen voreinander und sagten nicht einen einzigen Ton. ›Oh Boy, da war ja ihr Abgelecke angenehmer!‹, dachte ich mir und hatte keine Ahnung, wie ich die Stimmung wieder lockern konnte. Nachdem ich dann auch noch eine Träne in ihren Augen entdeckte, war ich komplett lost. Ich fasste mir an den Kopf und versuchte einen klaren Gedanken zu fassen. Ich war verwirrt. Da! Lisa sprach. Alles, was ich aus den nächsten Sätzen lernte, war, dass ich vielleicht nicht dauernd nicken sollte, wenn ich keines ihrer Worte verstand. Falsche Hoffnungen. Die hatte ich ihr anscheinend gemacht. Ungewollt. Mit Händen und Füßen versuchte ich ihr zu erklären, dass ich ihr nichts Böses wollte. Dass ich angetrunken war und keines ihrer Worte aufgenommen hatte. Als ich dann so komplett bescheuert mit meinen Händen herumgestikulierte, merkte ich, wie dumm ich aussehen musste, und ließ die Hände nach unten fallen. ›Als ob sie irgendwas von meinem Gehampel verstehen würde‹, dachte ich und schaute ihr in die Augen. Ihr Blick sagte mehr als tausend Worte. Sie war lost. Ich war lost. Cringe auf next level. ›Lassen wir das‹, dachte ich und wusste, dass der Abend gelaufen war. Ich trat den Heimweg an.

Die Nacht war eigenartig, richtig geschlafen hatte ich nicht wirklich, es war mehr ein Zusammenspiel zwischen Traum und Wirklichkeit und mein Schlafsack war der wohlbehütete Ort.

Ort:
Spanien,
Sierra Nevada

Zeit:
November 2019

Besonderes:
10k Follower

Zustand Suzi:
Neues Visier

Kapitel 14
Schnee in Spanien

Am nächsten Morgen packte ich meine Klamotten, ab aufs Bike und ließ die Stadt wieder hinter mir. Mal wieder hatte ich tausend Eindrücke gesammelt, die mich zum Nachdenken brachten. Party, Arbeiten und Leben an einem anderen Ort als in Deutschland. Ich merkte, wie man fast überall auf der Welt ankommen konnte. So schnell konnte man ein neues Zuhause finden und sich wieder mit einem Ort verbunden fühlen. Das Verhältnis zu den Familien, bei denen ich gearbeitet habe, war immer sehr herzlich und häufig standen uns beim Abschied die Tränen in den Augen. Wirklich alleine und verloren fühlte ich mich so selten.

Von meinem verdienten Geld konnte ich mir den einen oder anderen fetten Hamburger leisten. Einen Hamburger, den ich jetzt brauchte. Ich hatte Hunger. Es war Zeit für die Weiterfahrt zur nächsten Imbissbude. Ich kann nicht von mir behaupten, dass ich Vegetarierin bin. Oft habe ich nur Gemüse und Obst, was ich essen kann. Mal so und mal so. Aber dieses Gefühl, in einen richtigen Burger zu beißen ... diese Aromen, vernünftig aufeinander abgestimmt, die Soße, die an den Mundwinkeln herunterläuft ... Leute, es ist einfach nur geil! Nachdem ich mir den Bauch vollgeschlagen hatte, kaufte ich mir endlich ein neues Visier und stopfte die Schwimmbrille zurück in meine Tasche. Bäääh. Gefühlte tausend Mücken waren an ihr zerplatzt. Lecker sah anders aus. Dann heizte ich über die Straßen, vergaß die Zeit und verlor mich in den Kurven. Es trieb mich auf einer gut ausgebauten Straße immer höher auf die Spitze eines Berges. Meter für Meter. Jede weitere Kurve war eine Mischung aus Eroberung und Neugierde. Ich liebte das Fahren auf den Serpentinen und könnte kein Gefühl mit diesem gleichstellen. Es war einfach Freiheit in jeder meiner Poren.

Dann ... Anhalten, Helm ab und sprachlos. Ich stand wie angewurzelt da, so etwas kannte ich nur aus Horrorfilmen. Also, ich meine dieses stocksteife Dastehen. Meine Augen. Ufff. Sie waren von der Aussicht einfach nur geflashed! Ich drehte mich im Kreis. Erst da bemerkte ich Schnee! SCHNEE!? Vorhin war die Abenteuerlust größer als der Verstand gewesen, der den Schnee am Straßenrand hätte wahrnehmen sollen ... also immer schön Augen auf und ride safe! Macht es einfach besser als ich!

Ich setzte mich auf einen Stein, schaute auf die Sierra Nevada und genoss diese einzigartige Natur. Ich kramte meine Kamera hervor. Sanft strich ich über ihren Rücken und pustete den Staub von meinem Objektiv. Ich liebte die Fotografie und verbrachte Stunden damit, Bilder zu schießen. Ich liebte es, Orte und Momente auf ewig festzuhalten und diese mit der Welt da draußen zu teilen. Mittlerweile gab es mehrere 10.000 Menschen, die sich täglich meinen Kram gaben. ›Ach, du heiliger Bimbam‹, dachte ich mir, wenn mir wieder einmal bewusst wurde, wie viele Leute sich meine Fotografien ansahen und die Reiseberichte durchlasen. Schon ganz bald sollte genau das meine Rettung sein. Menschen, die meine Reise verfolgten. Menschen, die mir ermöglichen würden, meinen Traum weiterzuleben. Meinen Weg weiterzugehen …

Die Zeit verging, ohne dass ich es wirklich bemerkte. Gegen Abend wurde es auf dem Berg arschkalt. Ich hatte das eine oder andere Bild im Kasten und zitterte mir mittlerweile den Arsch ab. In Windeseile stopfte ich meine Kamera zurück in meine Motorradtasche und raste die Straßen wieder hinunter ins Tal. Ich würde lügen, wenn der eine oder andere Blitzer mich nicht erwischt hätte. Aber was soll's!? Wo kein Nummernschild, da keine Klage. Wo keine Klage, da kein Richter. Ich schmunzelte.

Die nächsten Tage verbrachte ich im Zelt oder der Hängematte. Wieder mal überall. Private Grundstücke, freie Natur, Strand und besonders oft in den Wäldern. Fast täglich spannte ich meine Hängematte zwischen irgendwelchen Kiefern auf und ließ mich im Wind hin- und herschaukeln. Ich erlebte wunderschöne Landschaften, genoss das Motorradfahren und ging nicht selten im Meer baden. Am Abend ließ ich die Sonnenuntergänge auf mich wirken und konnte deren Schönheit noch immer kaum greifen. In der Nacht zählte ich Sternschnuppen. Oft. 298 … 299 … 300. Ich kam den 1.000 immer näher.

Dann sollte ein neuer Abschnitt meiner Reise beginnen: Gibraltar. Ich kam dem britischen Überseegebiet, das an der Südküste Spaniens liegt, verdammt nah. Die Menschen, auf die ich hier traf, begegneten mir freundlich und zuvorkommend. Ich ging in ein Café und kaufte mir das günstigste Brötchen, das es so zu kaufen gab. Mit nur zwei Bissen schlang ich es hinunter, um danach traurig auf die Theke zu glotzen.

»Nein«, sagte ich zu mir selbst. »Ein Brötchen reicht.« Ready, mich umzudrehen und zu gehen, hielt eine Familie mich auf. Sie verwickelten mich in ein Gespräch, befragten mich wie irgendwelche Reporter zu meiner Reise und nickten beständig. Ich war verwirrt und dennoch überglücklich, als sie mir einen warmen Kakao in die Hand drückten und mich an einen Tisch zogen. Also nahm ich alles dankbar einfach so hin. Müde vom ganzen Reden wollte ich mich weiter auf den Weg machen. Die Sonne stand niedrig und ich brauchte die Zeit, um mein Zelt noch im Hellen aufzuschlagen. Doch die Familie ließ mich nicht. Der Vater ergriff meinen Arm, zog seinen Schlüsselbund hervor und fummelte eifrig daran herum. Klimpern ... Da! Ein rostiger alter Schlüssel. Er entfernte ihn vom Bund und drückte mir den Schlüssel grinsend in die Hand.

»What the fuck?«, fragte ich und schaute verwirrt drein.

»Unsere Hütte. Vergiss nicht, die Schweine zu füttern«, sagte er und beschrieb den Weg. Ich, vollkommen verwirrt und überfordert, brachte kein Wort heraus.

Erst später auf dem Bike fragte ich mich: ›Was zur Hölle fressen Schweine?‹ Google antwortete: Allesfresser. Beruhigt atmete ich auf und sollte die Viecher mit allem füttern, was ich eben so zur Hand hatte. Häufig Gras. Manchmal Brot. Keine Ahnung, wie viele Stunden Fahrt bis dorthin vor mir lagen, aber es war eine anspruchsvolle Strecke. Als ich endlich ankam, war die Hütte umgeben von Efeu. Ich fühlte mich wohl und geborgen. Die Vögel zwitscherten und Häschen hoppelten durch den verwucherten Garten. Ein Paradies, in dem ich für wenige Tage mein Zuhause fand.

Das Grundstück faszinierte mich. Es glich einem unberührten Dschungel. Der Rasen war seit Monaten nicht mehr gemäht worden. Ich liebte diesen Wildwuchs, saß viele Stunden auf einem Baumstumpf und las eines meiner kleinen Taschenbücher. Eine Babykatze lief mir zu und schaute mich misstrauisch, mit schräg geneigtem Kopf an. Lange. So lange, bis ich sie mir griff, aufpäppelte und dabei zusah, wie sie wieder stark und kräftig wurde. Ich liebte das Gefühl, wenn sie ihren flauschigen Kopf in meine Handinnenflächen drückte und mit ihren hellen Augen zu mir aufsah. Mit all den Tieren fühlte ich mich nicht einsam. Nein, ich fühlte mich wohlbehalten und gebraucht. Hinter einem zugewucherten Zaun verbarg sich eine alte Halle. Sie wirkte unscheinbar und verlassen. Auf den ersten Blick hielt ich die Halle in der einsamen Natur für eine halbe Ruine. Erst als eine Klapperkiste vorgefahren kam, schnallte ich, dass sie noch in Gebrauch war. Ein junger Mann stieg aus dem Auto und schaute zu mir herüber. Er lächelte mir zu, winkte flüchtig und verschwand in dem Schuppen. Als er wenige Minuten später einen Oldtimer aus der Halle rollen ließ, staunte ich nicht schlecht. In der Mittagssonne glänzte das alte Auto in edlem Rot. Uff, schlagartig war ich verliebt. Der Typ stellte eine Musikbox auf, nahm Werkzeug in die Hand und begann zu schrauben. Immer wieder warf er mir Blicke zu, bis er schließlich mit zwei Kaffee in der Hand zu mir herüberspaziert kam.

»Ganz schön zerfallen, dein Bike«, sagte er und zeigte auf meine Suzuki. Für einen klitzekleinen Moment kam der Mann mir verdammt unsympathisch vor. Niemand sollte sich das Recht nehmen, auch nur ein schlechtes Wort über meine Suzuki in den Mund zu nehmen. Wirklich niemand! Der junge Mann, Florian, reichte mir eine Tasse, lächelte mir verschmitzt zu und begann das Gespräch. Okay, ganz so unsympathisch war er doch nicht.

Wir setzten uns auf eine rostige Bank, tranken den Kaffee und genossen die Sonnenstrahlen auf unserer Haut. Es tat gut, mich zu unterhalten und jemanden zu haben, der sich für meine Erlebnisse interessierte. Nachdem die Tassen schon lange geleert waren, wir viel gelacht und geredet hatten, ließ er mich beim Schrauben über seine Schulter gucken.

»Jetzt bist du dran«, sagte er und reichte mir sein Werkzeug. »Wie hast du es bis hierhin geschafft?«, fragte er, als er schockiert feststellen musste, wie überfordert ich mit der Handhabung eines einfachen Schraubenziehers war.

»Klebeband«, sagte ich und versuchte eine scheiß Schraube zu lösen. Er musste lachen. ›Wenn er wüsste, dass das gerade keine Ironie war‹, dachte ich und konnte mir ein Grinsen nicht verkneifen.

Florian war der festen Überzeugung, mich zu einer Mechanikerin machen zu müssen.

»Ich bring dir den Kram bei«, sagte er immer und immer wieder. Damit setzte er eine Hoffnung in mich, die ich schon lange verloren hatte. Er nahm sich Zeit. Viel Zeit. Stundenlang erklärte er mir den Aufbau eines Motors. Wir schoben mein Motorrad auf sein Grundstück und fingen an zu schrauben. Florian erklärte mir mein eigenes Bike. Ich würde lügen, wenn ich mich nicht in Grund und Boden schämte, als ich bemerkte, dass ich eigentlich gar nichts kapierte. ›Naiv‹, dachte ich, als ich checkte, wie unvorbereitet ich meine Reise damals gestartet hatte. Und trotzdem, Florian gab sich alle Mühe. Gemeinsam nahmen wir die Zündkerzen aus dem Motorrad und kratzten sie mit einem Schraubenzieher sauber. Ich lernte, wie ich den Tank abschraube, den Luftfilterkasten reinige und wie ein Anlasser funktioniert. Ich säuberte meinen Vergaser und baute anschließend mein Bike wieder zusammen. ›Mechanikerin‹, dachte ich und klopfte mir selbst auf die Schulter. Ich war stolz. Mächtig stolz!

»Hätte ich in der Schule so zugehört, wie ich dir jetzt zuhöre, dann hätte echt was aus mir werden können«, sagte ich zu Florian mit einem Lächeln. Zwar hatte ich mein Abitur bestanden, aber dass irgendetwas von dem Stoff hängen geblieben wäre, würde ich jetzt nicht behaupten. Lag vielleicht auch einfach an den räudigen Matheformeln und den Gedichtanalysen in Deutsch. Sie hatten nämlich eins gemeinsam. Sie interessierten mich einen Scheiß.

Nachdem ich wenigstens einen Funken Ahnung von meinem eigenen Motorrad bekam, schob Florian mich in seine Halle. Ich übertreibe nicht, wenn ich sage, dass mein Unterkiefer herunterfiel. Flugzeuge! Da standen einfach Flugzeuge! Alte hergerichtete Leichtflugzeuge aus Metall und Holz. Ich strich mit meinen Fingern darüber. Staub. Ein Anblick, der mein Herz schneller schlagen ließ. Ich knabberte an meinen Fingernägeln und grübelte: ›Wie lange die Flugzeuge hier schon so herumgammeln? So unbenutzt?‹ Nachdem ich meinen halben Nagel aufgefressen hatte und zu bluten begann, wurde ich aus meinen Gedanken gerissen. Florian zeigte auf ein Ultraleichtflugzeug. Die Maschine sah aus, als würde sie beim nächsten Windstoß in sich zusammenfallen. ›Ranz‹, dachte ich und behielt den Kommentar lieber für mich. Keine Ahnung wie Sammler da so reagieren.

»Ich hab den Motor gerade repariert. Sollte wieder fliegen«, sagte Florian und sah mich erwartungsvoll an. ›Der Motor war also schon mal Schrott‹, dachte ich mir und war alles andere als überzeugt. Doch Florian betrachtete sein Flugzeug voller Stolz. Seine Augen strahlten, als er mir die Sicht von oben anbot. Fuck, ich hatte das Gefühl, mit einer Absage sein Herz zu brechen. Also sagte ich zu. Kurze Zeit später sollte ich um mein Leben bangen …

Kapitel 15

Der Motor versagte

Schon als Florian den Motor startete, überkamen mich große Zweifel. Er zog an einem Seil. Merkwürdig oft. Bis sich die Propeller irgendwann zu drehen begannen und das Ultraleichtflugzeug zu rattern begann. Die Karre hörte sich verdammt ungesund an. Ich überlegte, wie ich es verhindern könnte, in das Flugzeug zu steigen.

»Ist das überhaupt erlaubt?«, fragte ich ihn.

Die Antwort war »Nein«.

Eingestiegen bin ich trotzdem. Mich überfiel eine Mischung aus Angst und freudiger Aufregung, als das Flugzeug sich langsam in Bewegung setzte. Die Rollen quietschten, als wir auf der holprigen Straße Geschwindigkeit aufnahmen. ›Warum zum Teufel mache ich das?‹, fragte ich mich, als wir vom Boden abhoben. Wir erreichten eine Höhe, die mich in Schwindel verfallen ließ. Der Motor ratterte laut, die Tragflächen flatterten und das Flugzeug wackelte. Ich wagte einen Blick in die Tiefe. Die Bäume schienen von hier oben winzig klein. Ich ballte meine Hände zu Fäusten und merkte, wie sich Schweißausbrüche kurz aneinanderreihten. Und doch konnte ich es genießen. Vor noch wenigen Monaten wäre das bei einer solchen Höhe unmöglich gewesen.

Wir hatten nur leichten Wind und der Himmel war wolkenklar. Die Aussicht war der Wahnsinn! Unter uns die Wälder und Berge. Ich spürte den frischen Wind auf meiner Haut und versuchte mich zu entspannen. Ich atmete tief ein und aus, um die innere Unruhe wegzudrücken. Stottern. Schlagartig war die Angst wieder präsent. Mit den Augen fokussierte ich die Propeller und sah zu, wie sie voller Kraft versuchten, sich zu drehen. Wieder! Stottern! Meine Knie wurden weich, meine Augen glasig und meine Handinnenflächen pitschnass. Ich konnte nichts tun, als dem Flugzeug dabei zuzusehen, wie der Motor langsam, aber sicher versagte. Mein Herz raste. Stille. Eine Stille, die mir Angst machte. Die Tragflächen hielten uns in der Luft, doch der Blick von Florian versprach das Schlimmste. »Die Landung«, sagte er zitternd und hielt Ausschau nach der Halle. Wir waren zu weit entfernt. Ich schaute nach unten. Steine und Felsen. Wenige Wiesen. Ich schluckte. An einem Felsen zu zerschmettern war nicht der Plan gewesen. ›Die armen Leichenberger‹, dachte ich und stellte mir vor, wie sie meine Einzelteile zusammenkratzten. Ich schüttelte mich.

»Maaannnn, hör auf, so eine Scheiße zu denken!«, redete ich mir zu und kam doch nicht von dem Bild los, wie ich zerstückelt in einem Sarg liegen würde. Wir verloren an Höhe. Ich versuchte, das Bewusstsein zu behalten. Wirklich gelingen wollte mir das nicht. Florian konzentrierte sich. Jetzt hing alles an ihm. Er bereitete sich auf die Landung vor. Stille. Keiner von uns wagte es zu atmen. Er steuerte auf die Wälder und Wiesen zu. Weg von den Bergen. Weg von den Felsen. Hätten wir nicht so eine enorme Geschwindigkeit gehabt, wäre meine Sorge nicht mal allzu groß gewesen. Die Anspannung stieg. Unter uns Bäume. Dahinter ein Feld. Mein Herz raste. Wir verloren immer weiter an Höhe. ›Wir sind zu schnell‹, dachte ich und schaute dabei zu, wie wir auf die Wiese zurasten. Der Boden kam näher. Florian gab alles. Er landete extrem flach und gab sich Mühe, die Räder so sanft wie möglich auf dem Boden aufzusetzen. Der Untergrund war uneben und hart, so die Landung. Der Aufprall auf die Erde schnürte mir die Luft ab. Für einen Moment verlor ich die Kontrolle über meinen Körper und knallte mit dem Brustkorb gegen eine Stange. Ich rang nach Aten. Luft, ich brauchte Luft. Das Flugzeug verlor an Geschwindigkeit. Alles wackelte und wir kamen zum Stillstand.

Mein Kopf dröhnte, als ich endlich aus dem Flugzeug stieg. Ich zitterte am ganzen Körper und konzentrierte mich mit voller Kraft darauf, aufrecht stehen zu bleiben. Ich streckte meine Arme in die Luft. Langsam fiel das Atmen wieder leichter. Florian! Ich sah mich um. Kreidebleich und unter Schock stand er einfach so da. Er regte sich nicht und schaute mit aufgerissenen Augen in die Ferne.

Vorsichtig legte ich meine Hand auf seine Schulter und versuchte ihn zu beruhigen. Er atmete flach. Ihm war heiß und wieder kalt. Gemeinsam setzten wir uns auf den Boden und warteten seinen Schock ab. Die Zeit verging. Erst am Abend, als die Sonne schon tief am Himmel stand, traten wir den Rückweg an. Wir liefen über Stock und Stein. Das Flugzeug ließen wir zurück.

»Ich sag dem Bauern Bescheid«, sagte Florian und keuchte, als er einen kleinen Felsen überwand.

In der Dunkelheit erreichten wir eine Straße. Wir hielten ein Auto an und ließen uns nach Hause fahren. Wann wir wieder bei der Hütte ankamen, weiß ich nicht. Doch der Mond stand mittlerweile hoch am Himmel. Ich hätte todmüde sein müssen, doch stattdessen war ich voller Adrenalin. Wir verabschiedeten uns und würden die gemeinsame Zeit wohl nie vergessen. Wie auch!? Florian stieg in sein Auto und fuhr nach Hause. Gefühlte tausend Mal hatte er sich für die Verantwortungslosigkeit entschuldigt und schämte sich in Grund und Boden. Ich hingegen lachte nur und sah es als ein weiteres Abenteuer meiner Reise.

In der Hütte machte ich den Ofen an, fütterte die Schweine mit Gras und setzte mich mit einer Tasse Tee auf die Terrasse. Ich richtete meinen Blick in den Himmel und hielt Ausschau nach Sternschnuppen. Die Katze setzte sich auf meinen Schoß und schnurrte, als ich sanft über ihren Rücken streichelte. ›Was für ein Tag!‹, dachte ich und konnte die Ereignisse noch immer nicht greifen.

Ich rief Malte an und freute mich, seiner sanften Stimme zu lauschen. Schon wieder war es viele Tage her, dass ich von ihm gehört hatte. Die zunehmende Distanz killt mich. Innerlich. Als ich einem Stern dabei zusah, wie sein Licht für immer erlosch, sehnte ich mich nach Nähe. Maltes Nähe. Für einen Moment wurden alle Wünsche klein neben dem, einfach bei ihm zu sein. Einmal wieder seine Lippen spüren. Einmal wieder meine Hand in seine zu legen, mich in seinen Augen verlieren und ihm sagen, dass ich ihn liebe. Und doch wurde ich das Gefühl nicht los, diese Chance nie wieder zu bekommen. Zu sehr war die Distanz zur Normalität geworden. Auch wenn ich mir seine Liebe wünschte, hielt ich meine zurück, um ihm die Hoffnung zu nehmen. Die Hoffnung auf eine Rückkehr … Noch lange saß ich auf der Bank und zählte die Sternschnuppen. Ich ließ die Tränen über meine Wangen laufen. Ich wusste, ich würde Malte verlieren. Es würde mich kaputtmachen. Erst mal. Doch Malte könnte wieder sorglos lächeln. Und sein Lächeln war mein Glück.

Als die Sonne aufging, machte ich mich bereit für den Aufbruch. Ein letztes Mal fütterte ich die Schweine, nahm die Katze auf den Schoß und streichelte sanft über ihr kleines Köpfchen. Ich würde sie und diesen Ort vermissen. Sehr. Dann fing ich an, meine Sachen zusammenzusuchen. Ein Ritual, das mittlerweile zur Routine geworden war. Irgendwo ankommen, bleiben und schließlich weiterfahren. Ich saß auf dem Fußboden, mit Socken und Zahnbürste in der Hand, und schätzte mich in dem Moment einfach nur glücklich. Vor noch wenigen Monaten hatte ich in meinem Leben kaum etwas erlebt, während mich jetzt Tausende Erfahrungen reich machten. Ich schloss die Hütte hinter mir ab, legte den Schlüssel wie verabredet unter den Blumentopf, stieg auf mein Motorrad und machte mich auf Richtung Süden. Ich genoss das Motorradfahren. Ich legte mich in die Kurven und vergaß die Zeit. Gute drei Stunden fuhr ich.

Die Straßen wurden nach und nach immer schmaler und dreckiger. Ich schaltete in den zweiten Gang und fuhr bedacht und konzentriert die rutschigen Straßen entlang. Überall Matsch. Die Menschen, auf die ich traf, schienen traurig und in sich gekehrt. Die Häuser waren dreckig und heruntergekommen. Die Straßen waren voller Schlamm und Müll. Kein Grün weit und breit. Keine Felder, kein Vieh. Die Menschen liefen unruhig die Straßen auf und ab, fegten ihre Häuser sauber und fuhren Schubkarren voll Matsch von einem Ort zum anderen. Die Stimmung war bedrückt. Verstehen, was hier abging, konnte ich zu diesem Zeitpunkt aber noch nicht. Die Straße wurde nahezu unbefahrbar. Ich musste wenden. Schnell. Vor mir tat sich ein Schlammfeld auf und machte die Weiterfahrt unmöglich. Mit meinem Motorrad stand ich bereits tief im Matsch, als ich den Halt verlor. Ich kippte um. Die Maschine lag im Dreck. Ein Stoffkoffer war im Matsch versunken und meine Lederkombi färbte sich kackbraun. In meinen Augen war Schlamm. Es brannte. Meine Schuhe hatten sich im Matsch festgesaugt und egal, wie sehr ich es versuchte, ich kam alleine nicht mehr raus. Ich steckte fest.

»Hilfe«, schrie ich und konnte mich im Schlamm kaum noch von der Stelle rühren. Ich fühlte mich elendig, dreckig und müde. Ich war verzweifelt, als mich endlich jemand schreien hörte. Nach und nach wurden immer mehr Menschen auf mich aufmerksam und zogen mich schließlich zu sechst aus dem Schlamm. ›Gut, dass ich so schwarz im Gesicht bin‹, dachte ich und war froh, dass niemand meinen hochroten Kopf bemerkt hatte. Ich schämte mich. Ich sah mich um. ›Wieso liegt hier überall Schlamm?‹, fragte ich in die kleine Runde und konnte noch immer nicht verstehen, weshalb die Menschen schubkarrenweise Matsch aus ihren Häusern schafften. Anscheinend war vor wenigen Wochen ein Deich gebrochen, nachdem es tagelang heftige Regenfälle gegeben hatte. In der sonst so trockenen Region, waren ganze Dörfer überflutet worden und kaum ein Haus blieb von den Fluten verschont. Menschen verloren ihr Heim. Bauern verloren ihre Felder, ihre Arbeit. Ihr Leben. Menschen verloren ihre geliebten Tiere, ihr Hab und Gut. Egal, wem ich in die Augen sah, mir begegnete Trauer und Schmerz. Nicht ein Mensch schien glücklich und doch standen sie jetzt vor mir und versuchten mir zu helfen. MIR. Dabei musste *ihnen* geholfen werden. Mir wurde schmerzlich bewusst, was diese Menschen seit Wochen durchmachen mussten!

Ich bot meine Unterstützung an, doch keiner von ihnen nahm sie an. *Ob sie mich vor dem Leid schützen wollten?* Ich wusste es nicht. Vielleicht. Vielleicht wollten sie aber auch alleine sein. Alleine trauern. Alleine weinen. Also stieg ich auf mein Motorrad. Ich war darüber erschrocken, wie schnell sich der Tag und mein Empfinden verändern konnte. Wie schnell man schrecklichen Situationen begegnen konnte. Der Matsch tropfte auf den Boden, als ich das Dorf hinter mir ließ. Menschen zu sehen, die vor dem Nichts standen, machte mir deutlich, wie glücklich ich mich schätzen konnte. Ich war gesund, hatte mein Motorrad und ein Zelt. Meiner Familie und meinem Freund ging es gut. Ich hatte ein Leben. Meine Probleme schienen so verdammt klein ... Nachdenklich fuhr ich weiter. Weiter an einen nahe gelegenen Strand, um den Dreck von meinem Bike, den Klamotten und aus jeder Ritze meines Gepäcks zu kratzen.

Ort:
Spanien,
Gibraltar, Cádiz

Zeit:
November 2019

Zustand Suzi:
Wieder fahrtauglich

Besonderes:
Abschiedsblues

Kapitel 16

Maltes letzter Anruf

Nachdem ich einen Strand gefunden hatte, wusch ich meine Kleidung im Meer. Auch so eine Sache für sich. Doch mit der Zeit verliert man die Hemmungen, wenn ... ja, wenn man vorher gut nach rechts und nach links gecheckt hat und keiner da ist. Klamotten vom Leib reißen und einfach reinrennen. Seife in der einen und zu waschende Klamotten in der anderen Hand. Ich spürte das Wasser des Meeres auf meiner Haut und wollte am liebsten drin bleiben. Ewig. ›Wenn es hier nicht so verdammt kalt wäre‹, dachte ich und beobachtete, wie meine Nägel sich langsam bläulich färbten.

Das Bike putzte ich, so gut es ging, mit einer Wasserflasche und einem meiner T-Shirts sauber. Meine Hängematte schlug ich zwischen den Bäumen auf, wärmte mich an einem Lagerfeuer und schloss schon früh am Abend meine Augen. Tief in der Nacht wachte ich auf. Ich fror. ›Fuck, ist das kalt!‹, dachte ich und rollte mich in meinem Schlafsack zusammen. Ich wollte weiter Richtung Süden. Weiter Richtung Sonne. ›Meinen Arsch abzufrieren ist keine Option‹, dachte ich mir und rubbelte meine Hände wieder warm. Doch viel weiter südlich ging nicht mehr. Ich hatte Gibraltar erreicht, als das Wetter zu eskalieren begann. Es war kalt, es regnete und die Zeit auf meinem Bike wurde zunehmend anstrengender. Meine Laune sank.

Nur selten telefonierte ich mit Malte und ließ meinen Gefühlen freien Lauf. Gefühle, die ich eigentlich für mich behalten wollte, um ihm die Last zu nehmen. Gefühle, die ich aber nicht für mich behalten konnte. Noch immer kreisten meine Gedanken um ihn. Jeden einzelnen Tag. Eine Achterbahn der Gefühle schien nie ein Ende zu finden. Und doch hatte sich etwas verändert. Bei ihm. Bei dem Mann, den ich jetzt verlieren würde. Für immer. Denn er stellte die Fragen, die schon viel zu lange im Raum standen. Wochen. Monate. Fragen, die mich unter Druck setzten. Er wollte mich daheim, nicht verloren in der Welt. Er wollte mich in seinen Armen, nicht Tausende Kilometer weit weg. Er war am Ende. Und was ihn zerfraß, zerfraß mich mit. Ich wusste aber auch, dass ich nicht bereit war. Noch nicht. So sehr ich seine Nähe brauchte, so sehr brauchte ich immer noch diese Reise. Für mich hatte das Abenteuer gerade erst begonnen. Seiner traurigen und kraftlosen Stimme am Telefon zu lauschen quälte mich. Ich wusste, die Entscheidung stand an, heimzureisen oder weiterzuziehen. Zwei Optionen, doch nur eine kam in Frage. Ich vergrub meinen Kopf in den Händen. Ich würde das Wichtigste in meinem Leben gehen lassen, um das Abenteuer weiterzuleben. Schmerz. Ich liebte diesen Mann. So sehr. Doch diese Reise liebte ich auch. Ich brauchte sie, ohne zu wissen, was am Ende auf mich warten würde. Ob etwas auf mich warten würde. Doch zu sehen, wie die Sorge Malte zerfraß, ließ mich weinen. Verzweifeln. Seine Zeit war wertvoll. Zu wertvoll, um sie an mich zu verschwenden. Die Tränen kullerten über meine Wangen. Ich dachte an unseren Abschied zurück und daran, wie fest er mich in seinen Armen gehalten hatte. Fast ein halbes Jahr war es her. Ein halbes Jahr, das ich täglich seine Hand in meiner gespürt hatte. Jeden verdammten Tag war er so nah gewesen. Immer! Mein Körper kribbelte, meine Hände zitterten. Ich war diejenige, die gegangen war, die ihn in der Ungewissheit zurückgelassen hatte. Jetzt war ich diejenige, die an ihm festhielt. Doch das war unfair. Einfach nur unfair. Mein Kopf spielte verrückt. Ich hatte ihn nicht verdient …

In mir drin ein Schmerz, der mich zerfraß. Ich hätte schreien können, aber ich war zu schwach. Über Tage hinweg war ich leer. Ein Gefühl, das mich erzittern ließ, das mich auslaugte und mir all meine Kraft nahm. Ich weinte. Stundenlang. Tagelang. Jedes weitere Mal, wenn ich Maltes Stimme am anderen Ende der Leitung hörte, zerriss mein Herz in tausend Stücke. Ich wollte mit ihm reden, ihm sagen, wie sehr ich ihn liebe, und seiner sanften Stimme lauschen. Doch ich tat das Gegenteil. Ich verhielt mich kalt und drückte ihn emotional von mir weg. Ich stellte mich gleichgültig und erzielte damit genau das, was ich wollte. Er entfernte sich von mir. Mir war bewusst, dass ich ihn für immer verlieren würde, und doch nahm ich es in Kauf. In Kauf dafür, dass ich Malte die Last nehme. Mich nehme. Ich saß in einer Düne bei Cádiz und spürte, wie sich alles in mir drehte. Nicht körperlich. Nein! Nur mein Herz und mein Kopf. Mir wurde schwindelig.

Die Sonne stand tief am Himmel, als ich ein letztes Mal nach meinem Handy griff. Es klingelte und sein Name stand im Display. Das letzte Mal, dass ich einen Anruf annahm von einer Person, die ich so sehr liebte. Ich war blind vor Trauer, als ich seine Stimme zittern hörte. Und doch war es das Ende. Das Ende von etwas ganz Großem. Groß für mich. Groß für ihn. Am Telefon hörte ich nur ein Schluchzen. Ein Schluchzen, das mich innerlich zerfraß. Und doch tat ich gelassen und entspannt. Für ihn. Es würde leichter sein. Für ihn. Ich war kalt, ich verhielt mich falsch. Aus Schutz. Aus Liebe. Ich verlor den wohl wichtigsten Menschen in meinem Leben. Einen Menschen, der jedes Recht hatte, mich nicht zu verstehen. Mit mir konnte er ein dunkles Kapitel in seinem Leben schließen. Ein Kapitel, dass von Krankheit, Trauer und Schmerz geprägt war. Ich hatte zu viel kaputt gemacht, indem ich ihn so lange festhielt.

Mir war übel, als ich das Handy beiseitelegte. Schlapp taumelte ich zum Wasser und übergab mich. Einmal. Noch einmal. Doch egal, wie viel ich kotzte, besser ging es mir dadurch nicht. Ich weinte. Ich schrie. Ich saß mit meiner Kleidung im Meer und wartete darauf, dass die Zeit verging. Ich wartete darauf, dass der Schmerz verging. Darauf, dass ich mich bewegen könnte. Das Wasser war eiskalt und schlug Wellen um mich. Meine Haut wurde schrumpelig und mein Körper kühlte aus. Mir war es egal. Scheißegal. Schreiend schlug ich mit der Faust aufs Wasser, krümmte meinen Körper zusammen und weinte. Ich weinte, wie ich zuvor noch nie geweint hatte. Ich rang nach Atem, verschluckte mich an meiner eigenen Rotze und schluchzte laut vor mich hin.

Erst spät am Abend stieg ich aus dem Wasser. Ich zog meine Kleidung aus, schmiss sie in den Sand und legte mich nackt in den Schlafsack. Eine Welt war zusammengebrochen. Meine Welt. Ich vergrub meinen Kopf in den Händen und heulte. Mir war heiß und kalt zugleich, als ich in den Schlaf fiel. Die nächsten Tage aß ich nichts. Ich tat nichts. Ich saß am Strand und bewegte mich nicht. Die Stunden vergingen, der Schmerz blieb. Noch Monate später wusste ich, dass etwas fehlte. Dass er fehlte.

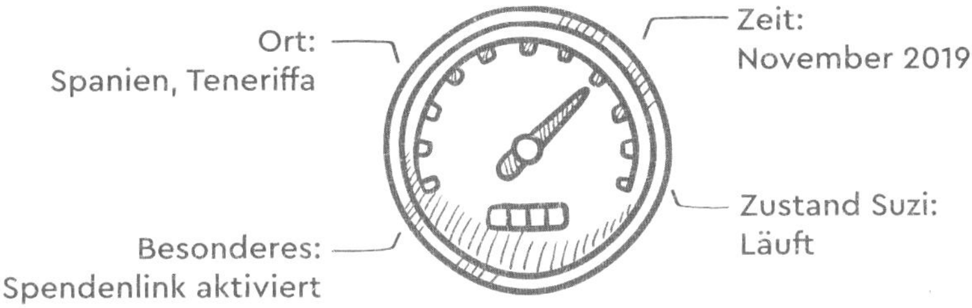

Kapitel 17
Meine Fans retteten mich

Zwei Wochen waren vergangen. Noch immer war ich schlapp und träge. Zwei Wochen, in denen ich mich verändert hatte. Ich war lustlos. Traurig. Alleine. Noch immer aß und trank ich kaum. Mir war schlecht. Ich übergab mich fast täglich und verbrachte die meiste Zeit schlafend. Nach draußen ging ich kaum, ich hatte keine Kraft und wenn, dann nur kurz. Ich schaute meine Suzuki an. Oft. Täglich. Ich war am Rande des »Das war's«, aber irgendetwas in mir war noch immer bereit zu kämpfen. Weitere Tage verstrichen. Tage, in denen ich wie die letzte Obdachlose mit einer Flöte in der Hand am Strand hockte. Ja, ich hab mir, Realtalk, eine Flöte zugelegt. Stundenlang saß ich im Sand und spielte leise vor mich hin. Die langsamen Melodien beruhigten mich und ließen mich in eine schöne Welt der Töne abtauchen.

Mit der Zeit fand ich zurück zu mir selbst. Auch wenn ich noch viel weinte, begann ich meinen Tag wieder zu leben. Häufig saß ich am Straßenrand und spielte Weihnachtslieder. Ältere Menschen hielten an und schenkten mir ein Lächeln. Ein Lächeln, das nach und nach auf mich überging. Doch auch wenn ich es schaffte, Freude auszustrahlen, fühlte ich mich innerlich noch immer leer und zerbrechlich.

Ich verdiente mir mit der Straßenmusik Geld. Nicht viel, aber genug, um gerade so zu überleben. Die Nächte in Cádiz wurden kalt. Arschkalt. Die Gegend erinnerte mich an die Trennung und die Jobsuche wurde zur Qual. Tagelang arbeitete ich in einem Hostel. Tage, in denen ich ins Nichts hinein arbeitete. Der Boss. Ein widerliches Stück Scheiße. Nachdem er meinen Arsch wohl mit dem seiner Frau verwechselt hatte, ließ ich diese Arbeit hinter mir. Von meinem Geld sah ich einen Dreck ... Eine Achterbahn der Gefühle hatte begonnen. Ich wollte weg. Einfach nur noch weg ...

Ich fühlte mich schlecht. Alles zog mich nach unten und raubte mir den Atem. Ein Gefühl, das ich verabscheute. Ich verlor den Halt. Doch ich gab nicht auf. Ich suchte Lösungen für meine Probleme und schaffte es, dass die Tage nicht mehr ungelebt an mir vorbeizogen. Ich lenkte mich häufig ab und sah mich nach Orten um, die mich verzauberten. Stundenlang saß ich vor meinem Handy und schaute verträumt auf irgendwelche Naturbilder. So scrollte ich über den Bildschirm und las das erste Mal von den Kanarischen Inseln, dem Vulkan von Teneriffa und dem traumhaften Wetter, das im Süden Tag für Tag vorzufinden war. Ich sah Bilder von schwarzen Vulkanstränden, von hellblauem Wasser und einsamen Stränden. Ich war wie hypnotisiert. Meine Augen starrten auf die Fotografien, als mir schlagartig bewusst wurde, was ich wollte. Genau das! Gutes Wetter, eine Insel und neue Erfahrungen. Ich lächelte und strich mit dem Daumen über das Bild auf meinem Handy. Der Vulkan von Teneriffa. Auf mich wartete ein Neustart …!

›Neustart‹, dachte ich und schlagartig erinnerte ich mich an den Traum von Malte. Plötzlich war mir dessen Bedeutung glasklar. Neustart. Ohne Malte. Nur ich, der Affe und mein Bike … auf dem Weg nach Teneriffa. Das Problem: mein Kontostand. Ich war so knapp bei Kasse, dass ich an meiner Reise und an mir zweifelte. Aber ich hatte nicht so viel aufgegeben, um jetzt zu scheitern. Nicht jetzt! Nicht hier! Die nächsten Tage dachte ich viel nach. Ich war zu schlapp, um mir einen neuen Job zu suchen, und mittlerweile am Ende meiner Kräfte. Körperlich. Geistig. Zum ersten Mal brauchte ich wirklich Hilfe. Nicht zum Überleben. Nein, zum Glücklichwerden. Denn hier war ich schon lange nicht mehr glücklich. Ich lachte weniger, machte weniger, kämpfte mehr. Zu viel. Weiter reisen oder aufgeben? Ich wollte nicht versagen, also fasste ich ein Ziel ins Auge. Teneriffa. Und dafür würde ich kämpfen. Denn nichts, wirklich gar nichts stand über meiner Reise. Weiter reisen bedeutete für mich Hoffnung. Hoffnung auf eine weitere Chance, glücklich zu werden. Glücklich, auch ohne Malte.

Erinnert ihr euch an mich und Social Media? Dass ich Bilder und Artikel veröffentlichte mit der Absicht, Menschen zu inspirieren, zu kommunizieren und meine eigene Langeweile zu vertreiben? Ohne die sozialen Plattformen wäre ich damals zugrunde gegangen. Einfach nur zugrunde gegangen. Ich offenbarte meine Schwäche vor Tausenden von Menschen. Ich würde lügen, wenn ich sagte, dass ich mich dafür nicht schämte. Für meine Schwäche … nach außen hin wollte ich immer stark und selbstständig wirken.

Eigenschaften, die ich nicht mehr an den Tag legen konnte. Also nutzte ich die Gelegenheit. Eine Gelegenheit, die mir die Weiterreise ermöglichte und mir die Option gab, einen Neustart zu beginnen. Ich stellte einen Link ins Internet, über den fremde Menschen mir Geld spenden konnten. Menschen, die meine Reise unterstützen wollten, die mein Problem annahmen und meine Reise gemeinsam retteten. Und sie retteten mich! Die Dankbarkeit, die ich noch Monate später in mir trug, werde ich nie in Worte fassen können. Wenn diese Menschen meinen Schmerz hätten spüren können und die Last, die sie mir von den Schultern nahmen … unbeschreiblich! Einfach nur unbeschreiblich! Gemeinsam schenkten sie mir etwas Großartiges. Sie schenkten mir die Möglichkeit, weiterzuziehen und meinen Traum weiterzuleben.

Selbst als ich das gespendete Geld abbuchte, stand ich einfach so da. Verblüfft. Fassungslos. Die Tränen liefen über meine Wangen. Wieder. Ich lachte, während ich schluchzend dastand.

»Reiß dich zusammen, Affe!«, sagte ich zu mir selbst und wischte mir die Tränen aus dem Gesicht. Es war wirklich wahr, ich konnte weiterfahren! Verdammt, was man mir hier schenkte, war einfach nur genial! Teneriffa, ich komme! Und dann ging alles ganz schnell. Noch am selben Tag kaufte ich das Ticket. Mein Körper kribbelte, als ich das Stückchen Papier in meinen Händen hielt. *Ich glaube, wirklich realisieren werde ich diesen Moment nie.*

Stundenlang studierte ich die Route zum Hafen, packte meine sieben Sachen und machte mich schließlich noch am selben Tag auf den Weg in die Wärme. Ich spürte, wie ein Lachen durch meinen Körper zog und auf den Armen eine Gänsehaut hinterließ. Ich stand am Hafen von Cádiz, vor dieser schrottigen Fähre. Rostig, klapprig und verdammt alt. Steinalt. ›Mit dem Pott geh ich doch nur unter‹, dachte ich und fuhr am Ende natürlich trotzdem auf die Ladefläche. Mein Körper war noch müde, aber meine Seele voller Tatendrang. Ich rollte im ersten Gang auf die Fähre, vorbei an Menschen mit skeptischem Blick. ›Was wollt ihr, he?‹, dachte ich herausfordernd. Aber nur kurz, denn als ich an mir herabsah, merkte ich, warum. Ich sah einfach nur räudig aus.

Dann stellte ich meine Suzi ab und stieg die Treppen hinauf. Ich ließ mich in einen Sessel fallen, um kurz darauf wieder hektisch aufzuspringen, rauszurennen und mich über die Reling zu lehnen. Ich ließ den Wind um meine Nase wehen und das Festland hinter mir. ›Hinter mir lasse ich hoffentlich auch all die Scheiße‹, dachte ich mir und beobachtete, wie das Festland immer kleiner und ferner schien. Es ging weiter. Es ging wirklich weiter ... Lange saß ich an Deck und genoss den Wind, der mir um die Ohren fegte. Ein unbeschreibliches Gefühl. Ich war glücklich und aß seit langer Zeit wieder richtig gut. An Bord nahm ich safe fünf Kilo zu. Ich schaufelte tonnenweise Fleisch, Schokolade und Nudeln in mich hinein. Es war das erste Mal seit der Trennung von Malte, dass ich das Essen wieder so richtig genoss. Zumindest so lange, bis die Wellen für ein eher unschönes Gefühl sorgten. Die Fähre schaukelte hin und her. Immer stärker. Die Mischung aus Essen und dem Seegang ... keine sonderlich gute Kombination. Mir wurde kotzübel.

Die nächsten dreißig Stunden konzentrierte ich mich darauf, nicht alles wieder rauszureihern. Nachdem sich gefühlt jeder Zweite an Bord hemmungslos übergab und der Gestank von Erbrochenem in meiner Nase stand, ging es mir zunehmend schlechter. Als ich dann in die Kotze eines Kindes trat, war es auch bei mir so weit. Ich erbrach mich. Das Gute daran war, danach ging es mir wieder besser und ich konnte tatsächlich wieder essen.

Kapitel 18

Teneriffa, der Affe kommt

Es waren 35 Grad, als ich mit meinem Motorrad von der Fähre fuhr und zum ersten Mal Teneriffa bestaunen durfte. Ich fuhr die Straßen entlang ... na ja, ich kroch, ich wollte nix verpassen, ich wollte mehr stehen als fahren ... und war immer wieder von der Aussicht geplättet. Am Teide, dem Inselvulkan, der auf Teneriffa in die Höhe ragt, fuhr man teilweise auf Straßen, die über den Wolken lagen. Kann man sich das vorstellen? Straßen ÜBER den Wolken!!!

Ich musste anhalten, immer wieder anhalten ... Still setzte ich mich auf einen Felsen und schaute eine halbe Ewigkeit in die Ferne. Unter mir tat sich eine Wolkendecke auf. Die Nachbarinsel Gran Canaria ragte empor und schuf für mich ein Bild der Unwirklichkeit. Ein Anblick, der mich nicht mehr losließ. Hier oben fühlte ich mich wieder glücklich. Ich genoss den Wind, der mich die nächsten Monate auf den Kanarischen Inseln begleiten würde. Die letzten Wochen nach der Trennung hatten mich zerrissen. Schon fast hatte ich vergessen, weshalb ich die Beziehung überhaupt aufgegeben hatte. Als ich jetzt aber hier oben auf dem Stein saß und die Schönheit der Natur begutachtete, fühlte ich nach der Trennung wieder das, was ich so sehr vermisst hatte: Vollkommenheit. Noch bis spät in die Nacht saß ich hier. Über den Wolken und unter den Sternen. Ich lebte wieder meinen Traum. Es gab viele Wege, die ich gehen konnte, aber dieser fühlte sich so verdammt richtig an. Seit Langem lächelte ich wieder ehrlich. Dass mich dieser Weg die nächsten Wochen aber in einen Albtraum führen würde, ahnte ich zu diesem Zeitpunkt noch nicht.

Bevor mein Leben zu einem reinsten Abfalleimer wurde, erlebte ich unbeschwert die Insel. Ich fuhr mit meiner Suzi die Straßen entlang. Schmale Straßen. Straßen, die mich die Zeit vergessen ließen. Ich folgte einzigartigen Wegen. Steinig. Sandig. So sah ich 'zig Orte. Orte, deren Namen ich nach kurzer Zeit wieder vergaß. Zu viel sah ich, zu viel nahm ich auf. Häufig stand ich an Klippen, genoss den Anblick des Meeres und atmete die frische Salzluft ein. Ich war glücklich. So verdammt glücklich. Ich ließ die Wälder, die Wüste und die Vulkanlandschaft auf mich wirken. Immer wieder begegnete ich Schafen oder Ziegen. Tiere, die keine Straße brauchten, um einem Weg zu folgen. Ihrem Weg zu folgen. Ich kann gar nicht sagen, was mich mehr begeistert hatte. Die Küstenstraßen oder das Landesinnere mit den vielen Kurven. Und glaubt mir, diese Kurven kann man cruisen, als gäbe es kein Morgen mehr!

Für mich war Teneriffa wie ein wahr gewordener Traum. Die Insel war schnell zu umrunden und schon bald kannte ich jede Nebenstraße Teneriffas, wusste, welchen Ort ich gleich noch mal aufsuchen musste, um mich wieder so zu fühlen. So unbeschwert.

Ich genoss jeden Atemzug, jede Kurve, jeden noch so kleinen Augenblick. Ich traf auf Menschen. Liebenswürdige und einzigartige Menschen. Eine Zeit hatte begonnen, in der ich so unendlich viel lachte. Ich erinnere mich daran, wie ich das erste Mal in meinem Leben verschiedene Meeresfrüchte aß. Einheimische hatten mich aufgesammelt, mich zum Fischkutter geschleppt und mir die Möglichkeit gegeben, frische Muscheln zu probieren. Der Geschmack war gewöhnungsbedürftig. Und doch griff ich immer wieder in einen Eimer voller Muscheln, Garnelen und Wasserschnecken. Der Gestank ließ mich fast kotzen und doch überwog die Neugierde auf jeden einzelnen Geschmack und ich aß wieder und wieder eine Meeresfrucht. Wabbelig. Fischig.

»Uaaag«, machte ich und würgte eine Muschel hinunter. Die Menschen um mich herum lachten laut auf, wenn ich wieder mein Gesicht verzog und doch zur nächsten Meeresfrucht griff. Am Abend spülte ich den widerlichen Geschmack mit Wein hinunter. Ich gurgelte fleißig und sollte feststellen, wie verdammt lecker so ein Weißwein doch schmecken konnte. Ich saß am Hafen, die Weinflasche in der Hand, und strecke mein Gesicht der Abendsonne entgegen. Auf meiner Haut hatte sich eine kleine Salzschicht gebildet. Mit meinen Fingern strich ich sanft darüber und beobachtete, wie die kleinen Körner auf den Boden rieselten. Auf meinem Handy spielte ich den *Monkey Dance* ab und tanzte in der Dämmerung zur Musik.

Über die Zeit bemerkte ich, wie einzigartig Teneriffa doch war. Wüste, Regenwald und Vulkangestein. Die Strände waren von der pulverisierten Lava vollkommen schwarz. Noch nie hatte ich so etwas gesehen. SCHWARZER Sand! Ich ging baden und legte mich in den dunklen Sand des Strandes. Ein einzigartiges Gefühl.

Schnell hatte ich fast alles gesehen. Fast. Nur der Vulkan fehlte noch. Ich wollte mir dieses Highlight aufsparen. Aufsparen für einen Tag, an dem ich mich nach einem Lächeln auf den Lippen sehnen würde. Denn jetzt gerade fiel mir das Lachen wieder leicht. Ich hing meine Hängematte zwischen den Bäumen auf und genoss die Stille an der Klippe, dem Meer, dem Wald, dem Parkplatz, dem Feldweg. Immer. Die Wochen strichen ins Land. Glückliche Tage, in denen alles perfekt schien. Tage, die mich wieder mit Leben füllten.

Früh am Morgen stand ich auf. Immer dann, wenn die ersten Sonnenstrahlen auf meiner Haut zu kitzeln begannen. Nackt sprang ich ins Meer und schaufelte mir das kühle Wasser ins Gesicht. Ich putzte mir die Zähne und versuchte jedes Mal, die Zahnpasta so weit es ging ins Meer zu spucken. Ich war schlecht. Einfach nur schlecht. Ich beobachtete, wie die Zahnpasta einen guten halben Meter vor mir ins Wasser platschte. Jedes Mal war ich davon fasziniert, wie das Salzwasser nach und nach die Partikel verschlang und für immer unsichtbar machte. Wenn mich dann der morgendliche Hunger überfiel, kramte ich meinen Kocher hervor und machte mir ein herrliches Frühstück. Günstig, aber gut. Immer das, was ich so zur Hand hatte. Häufig Rührei. Manchmal Pancakes. Oft brauchte ich knapp eine halbe Stunde, um mit einer einfachen Gabel meinen Teig umzurühren. Ich würde lügen, wenn ich das eine oder andere Mal keine Aggressionen geschoben hätte. Gezwungenermaßen lernte ich mein Essen zu lieben und das wertzuschätzen, was ich eben dahatte.

Am Abend suchte ich mir einen einsamen Ort. Leider war die Insel nicht ganz so verlassen, wie ich es mir vorgestellt hatte. Häufig sammelten sich die Menschen an einem Ort und klebten wie Kletten aneinander. Schöne Orte wie die Playa de las Teresitas, die leider so überfüllt waren, dass ich keinen dieser Plätze wirklich genießen konnte. Ich fühlte mich hier beklemmt und merkte, wie mir das Atmen schwerer viel. Also fuhr ich die Orte an, die niemand wirklich kannte. Orte, die so viel einsamer und dadurch so viel schöner erscheinen. Hier machte ich mir Feuer. Oft. Nicht, weil mir kalt war. Nein. Einfach nur, weil ich das Knistern des Holzes und das Prickeln auf der Haut genoss. Ich verlor mich in den gelb-orangenen Flammen und versank in meinen Gedanken. Wenn mich der Hunger plagte, aß ich am Abend Kidneybohnen aus der Dose, schaufelte sie löffelweise in mich hinein und ließ sie als Brei auf meiner Zunge zergehen. Lecker.

Schließlich kam eine Zeit, in der ich Neues ausprobierte. Von meinen letzten Euros kaufte ich einem Afrikaner seine Angel ab. Rostig. Alt. Die Vorstellung war abenteuerlich, die Umsetzung dann doch etwas kritischer. Wirklich damit gerechnet, dass ich einen Fisch fange, hatte ich nicht. Und doch passierte es. Gespannt zog ich die Schnur ein und sah ihn. Den Blinker, der in dem Auge eines fetten Fisches hing. Das Blut lief und ich ... ich war überfordert. Planlos stand ich vor einem zappelnden Fisch und merkte mal wieder, wie naiv ich all die Dinge anging. Immer ohne Hirn. Und doch hatte ich es bis hierhin geschafft, versuchte mich volle Kanne zusammenzureißen und nahm den Fisch schließlich in meine Hand. Zitternd ergriff ich mein Messer und stach es senkrecht durch den Kopf des Fisches. Er zuckte. Einmal. Noch einmal. Ich schnallte zu dem Zeitpunkt noch nicht, dass es die Nerven waren, und stach noch gute dreimal nach. Das erste Mal in meinem Leben hatte ich einen Fisch getötet. Ein Tier getötet. Als ich den elendigen Bluthaufen vor mir so betrachtete, ging es mir nicht wirklich gut und doch freute ich mich auf das Essen. Auf den Geschmack eines frischen Fisches.

Ich wischte meine Hände im Gras sauber und griff nach meinem Handy. YouTube. Ich musste erst mal lernen, wie man einen Fisch ausnimmt. Überall hieß es, man solle auf die Gallenblase achten. Irgendeine dunkelbraune Galle, die an der Leber hängt.

»Nicht zerschneiden«, hieß es überall. »Bloß nicht zerschneiden«. Na ja, ich zerschnitt sie natürlich trotzdem. Anatomie war wohl nicht so meins. Der Fisch schmeckte daraufhin bitter. Einfach nur bitter. Und doch war ich ein kleines bisschen stolz, als ich sah, wie der Fisch über meinem Lagerfeuer zu rösten begann. Ein Fehler beim Ausnehmen. Passierte mir einmal und nie wieder.

Es gab Tage, da sehnte ich mich nach Gesellschaft. Ja, vielleicht auch ein wenig nach Anerkennung und Nähe. Selten ging ich am Abend aus, aber wenn ich es tat, tanzte ich mir in den spanischen Bars die Füße wund. Ich flirtete, ich trank und hatte den Spaß meines Lebens. Oft verbrachte ich viele Stunden an einem Tischkicker und spielte gegen besoffene Männer. Männer, die meinten zu gewinnen. Dieses Gefühl, wenn sie dann gegen mich verloren und der eine oder andere Euro in meiner Tasche landete ... Unbezahlbar! Grinsend freute ich mich darüber, mir neben dem Fisch mal wieder ordentliche Kidneybohnen zu gönnen.

Das Wetter war über Wochen hinweg ein Traum. Nur selten regnete es. Und wenn, dann liebte ich es, legte mich auf einen Felsen und genoss das Tröpfeln auf der Haut. Bei all der Hitze war Regen ein absoluter Segen. Ich lebte so glücklich und fühlte mich mit der Natur verbunden. Ein Leben, irgendwo zwischen purem Luxus und der Armut. Ein Tag war aufregender als der andere. So gab es Abende, da brach ich mit irgendwelchen Touris in ein Hotel ein. Nur einmal wollte ich wieder das klare Wasser eines Pools auf meiner Haut spüren. Nur einmal wieder in eine Welt der »Normalen« abtauchen. Auch gab es Tage, in denen ich in einem Internet-Café saß und random Bilder meiner Reise bearbeitete. Ich las Nachrichten von Fans, pflegte mein Social Media und war irgendwie erstaunt darüber, wie viele Menschen meiner Reise so täglich zu folgen schienen. Doch am häufigsten tat ich nichts. Nichts Großes zumindest. Oft baumelte ich in meiner Hängematte zwischen Feigenkakteen und sog ihren aromatischen Duft ein. Ich entspannte mich, hörte Musik oder spiele Flöte. Manchmal pflückte ich mir eine Frucht von der Kaktee und steckte sie mir in den Mund. Ich ließ den Geschmack auf meiner Zunge zergehen. Süß-säuerlich. Mild. Tage, die so verdammt schnell an mir vorbeizogen. Tage, die perfekter nicht hätten sein können.

Allerdings wendete sich das Blatt schlagartig. Ich fuhr mit meinem Motorrad die Straßen entlang und ließ all die schönen Tage Revue passieren. Und dann, wie aus dem Nichts ... Bammm! Ein stechender Schmerz, als ich mit 100 km/h über die Landstraßen heizte. Fast verlor ich die Kontrolle über meine Maschine. Im letzten Moment schwang ich den Lenker um und schaffte es, das Bike auf der Straße zu halten. Mein Herz raste. Ich drosselte meine Geschwindigkeit. Dann ... Wieder! Ein kaum auszuhaltender Schmerz. Mit meiner Hand fasste ich mir an die Stirn. Ich kannte diesen stechenden Schmerz. Ich kannte und ich hasste ihn. Ich war schlapp und mit meinen Nerven am Ende, als ich einen Zeltplatz für die Nacht suchte. Mit meinen Gedanken war ich nur bei meinem Kopf. In mir brodelte eine Panik. Die Panik vorm Kranksein. Ich erinnerte mich an die Zeit im Krankenhaus zurück, das körperliche Versagen. Damals bestimmte es meinen Alltag. Immer und immer wieder. Es bestimmte mein Gefühl und mein Wohlbefinden. Es machte mir damals Angst, es machte mir heute

Angst. Unbeschreiblich große Angst vor einer wiederkehrenden Zyste.

Ich hatte meinen Plüschaffen vom Motorrad abgeschnitten und drückte ihn über die Nacht fest an meine Brust. Als der Schmerz bis zum nächsten Morgen nicht verschwunden war, wischte ich mir die erste Träne aus dem Gesicht.

»Bitte, bitte mach mich gesund«, flüsterte ich und dachte unter Panik an die Zeit vor meiner Reise zurück. Ich fuhr über das Fell des Affen. Es war dreckig und rau. Ein Kuscheltier, das die gesamte Zeit an meiner Seite war. Auch an ihm waren die letzten Monate nicht spurlos vorbeigegangen. Die nächsten Tage und Nächte wurden zur Qual. Ich lag in meinem Zelt und krümmte mich unter dem Schmerz. In meinen Armen der Affe. Ich schwitzte und trocknete meine Hände an ihm ab.

»Ich kann nicht mehr«, flüsterte ich und versuchte die Schmerzen zu unterdrücken. Vergebens. Mein Kopf pochte und ließ mich zunehmend verzweifeln. Tabletten nahm ich keine. Nicht ein einziges Mal. Zu groß war meine Angst, die Kontrolle über den Schmerz zu verlieren. Einen Schmerz, von dem ich wusste, wie bedrohlich er für mich werden konnte. Mir war kalt. Zitternd lag ich in meinem Zelt und wünschte mir Maltes wärmende Hände. Malte ... Der Mann, dem ich genau das Elend nicht mehr antun konnte. Nicht mehr antun wollte. Zu groß war meine Liebe ... Malte hatte mich immer wieder aufgebaut und in schweren Zeiten meine Hand gehalten. Ich dachte zurück, wie er all die Jahre bei mir war, mir die Haare aus dem Gesicht strich und mich leidenschaftlich küsste. Eine Liebe, die ich hatte gehen lassen. So gerne hätte ich mich einfach auf seine Brust gelegt und die Zeit vergessen. Jetzt war ich ohne sie. Die große Liebe. Zum ersten Mal in meinem Leben musste ich diesen Weg alleine bestreiten. Den Weg der Krankheit.

Ich erholte mich nicht. Tage nicht. Wochen nicht. Meine Kraft neigte sich dem Ende und meine Angst wurde zu einem Zustand der Normalität. Ich brauchte einen Ort, an dem ich bleiben konnte und der mir eine Chance auf eine wirkliche Erholung gab. Ein Bett, ordentliches Essen und vielleicht einen Arzt. Ich brauchte Hilfe. Dringend.

Über Sozial Media lernte ich jemanden kennen, bei dem ich für eine Weile unterkommen konnte. Ich wurde in ein Haus am Meer eingeladen. Ein kleiner, wunderschöner Garten, Palmen und bunte Blumen schmückten das Anwesen. Die Vögel zwitscherten, die Wellen schlugen gegen eine Mauer, und eine bunte Hängematte, gespannt zwischen den Palmen, vermittelte ein Gefühl der Geborgenheit. Marlon, der Besitzer, begrüßte mich herzlich. Ein junger braunhaariger Mann. 22 vielleicht. Sommersprossen ließen sein Gesicht frisch und beinahe niedlich erscheinen. Er lächelte mich an, zeigte mir mein Zimmer und begegnete mir liebenswürdig. Noch am selben Tag gab's köstliche Pasta für zwei. Ich kümmerte mich um den Haushalt und war einfach nur dankbar, für wenige Tage ein Zuhause gefunden zu haben. Mein Körper bekam die Option runterzufahren, sich zu entspannen und wieder etwas Ruhe zu tanken. Auch wenn die Kopfschmerzen hier noch lange nicht vergessen waren, war ich glücklich und konnte sie für einen kurzen Moment verdrängen. Marlon wusste, dass ich krank war. Häufig brachte er mir heißen Tee mit Honig an mein Bett. Er sorgte sich sehr. Ich fühlte mich gut aufgehoben und in einer Gewissen Art und Weise angekommen. Ich war auf einen Menschen getroffen, den ich intuitiv zu meinen Freunden zählte. Noch.

Kapitel 19

Leere im Kopf

Es war mittlerweile Ende Dezember. Die Zeit verflog und dennoch hatte ich versucht, meine Rückschläge stets zu Erfolgen zu machen, mir Schwäche einzugestehen und mutig zu sein. In mir wuchs das Vertrauen. Dennoch ... Mein Zustand hatte sich nicht verändert. Nicht verschlechtert, nicht verbessert. Doch noch immer war Marlon da. Täglich. Er ließ mich nicht aus den Augen. Ein Gefühl, dass ich auf meiner Reise vermisst hatte. Ein Gefühl, dass ich genoss. Ich liebte die Nähe, die Gesellschaft. Aber vor allem gefiel mir das Gefühl, Malte für wenige Sekunden zu vergessen ...

Doch auch wenn Marlon sich um mich kümmerte, hatte er eine Seite an sich, die mir Angst machte. Jeden Abend ging er aus. Immer. An sich nichts Schlimmes. Doch wenn er in der Nacht stockbesoffen heimkam, traf ich auf einen Menschen, den ich nicht wiedererkannte. Einen Menschen, der all meine Sympathie verspielte und mir das Gefühl gab, zu allem in der Lage zu sein.

Schreckliches tun zu können. Einen Menschen, den Alkohol aufs Äußerste veränderte.

Einen Abend sollte ich nie vergessen. Ich lag im Bett. Spät in der Nacht wachte ich auf. Kopfschmerzen plagten mich. Doch wirklich besonders war das nicht. Nicht mehr. Weit entfernt hörte ich ein Stöhnen. Einmal. Noch einmal. Ich quälte ich mich aus dem Bett. ›Dieser Scheiß-Kopf‹, dachte ich und versuchte, den Schmerz zu ignorieren. Ich zwang mich auf die Füße. Immer mehr wurde mir bewusst, dass etwas mit mir nicht stimmte. Es war ernst. Die Schmerzen. Ich schleppte mich die Treppe hinunter und schaute nach Marlon. Er stank nach Alkohol und Gras. ›Was der schon wieder gesoffen hat?‹, fragte ich mich, als ich ihm dabei zusah, wie er straight gegen die nächste Wand stolperte. Auf sein weißes T-Shirt tropfte Blut. Erst jetzt sah ich eine Platzwunde in seinem Gesicht. Schockiert lief ich auf ihn zu und hielt sein Kinn nach oben. Die Wunde war tief. Was passiert war, erfuhr ich nicht. ›Fuck, der Typ muss genäht werden!‹, dachte ich und googelte, wo das nächste Krankenhaus lag.

»Wo ist dein Geld?«, fragte ich ihn und war bereit, ein Taxi zu rufen. Schnell. Die Antwort war ein fetter Rülpser. »Hätte ich mir gleich denken können.« Ich checkte erst jetzt, dass er alles versoffen hatte. ›Ist ja nicht so, dass mein Portemonnaie so gut gefüllt wäre‹, dachte ich sauer und setzte ihm vorsichtig einen Helm auf. Dann mussten wir eben fahren. Doch nicht mit Marlon. Er riss den Helm von seinem Kopf und schmiss ihn vor mir auf den Boden. Er wurde aggressiv. Laut schrie er um sich herum, schlug mit der Faust in die Wand und sah mich mit düsteren Augen an. Er machte mir Angst. Wieder schrie er! Blutend taumelte er an mir vorbei.

»Du bist dreckiger Müll«, nuschelte er und schaute mit glasigen Augen auf den Boden. Schockiert stand ich da. Meine Augen vor Schreck weit geöffnet. Ich hätte weinen können, doch ich vergoss nicht eine Träne. Stattdessen merkte ich, wie meine Knie weich wurden und ich mich dazu zwang, nicht in mich zusammenzufallen. Verzweiflung. Ich wartete. Eigentlich nur darauf, dass er die Kontrolle verlor und zuschlug.

»Du bist wertlos. Wertlos wie dreckige Scheiße«, schrie er. ›Ciao, Leben‹, dachte ich und sah dabei zu, wie sich sein T-Shirt immer weiter rot färbte. Ich hätte gehen können. Warum ich blieb, weiß ich nicht. Vielleicht aus Angst. Vielleicht aus Mitleid. Sein Gesicht war vor Wut rot angelaufen. Ich stand einfach nur da, fühlte mich hilflos und alleine. Ich schaute zu, wie er herumhampelte und mich beleidigte. Er fand Worte, die mich tief verletzten. Worte, die ich noch lange mit mir herumtrug. Er hatte ein Bild von sich selbst, dass ihm nicht entsprach, und erlaubte sich ein Urteil über andere Menschen, dass ihm nicht zustand.

»Uaaagh«, würgte er und kotzte volle Karre auf den Boden. Auch mir wurde übel. »Du Abfall«, flüsterte Marlon und malte mit den Fingern in seiner Kotze herum. ›Reiß dich zusammen‹, dachte ich, als der Kotzgeruch in meine Nase stieg.

»Mir …«

»Du hast nicht zu reden!«, zischte er mich an und drückte seinen Kotzfinger auf meine Lippen. Tja, das war der Moment, in dem ich Marlon anreiherte.

Ich wusste nicht, wie ich mich verhalten sollte, wie er reagieren würde. Ich hatte Angst. Angst vor einem Menschen, den ich noch vor wenigen Stunden zu schätzen wusste. ›Wer bist du?‹, fragte ich mich und schaute Marlon direkt in die Augen. Doch alles, was mir begegnete, war Hass. Purer Hass. Pure Kälte. Unter Schmerzen stand ich einfach nur da und machte nichts. Gar nichts. Ich bewegte mich nicht. Aus Angst vor dem, was mir passieren könnte. Aus Angst davor, dass er mir körperlich wehtun könnte.

Erst als Marlon reglos am Boden lag, rief ich Hilfe. Für ihn. Für einen Menschen, dem ich eigentlich nicht mehr helfen wollte. Und doch war ich die Einzige, die helfen konnte. Kraftlos regte ich mich. Ich wollte nicht mehr. Ich konnte nicht mehr. Ich wollte raus aus der Situation und lief stumm in mein Zimmer. Hinter meinem Rücken hörte ich seine Stimme. Leise, aber bestimmend.

»Geh und jemand stirbt heute Nacht«, sagte er. Ich blieb stehen. Starr vor Schock. Egal wie sehr ich wollte, bewegen konnte ich mich nicht. In meinem Kopf herrschte Leere. Hilflosigkeit. Dann Hass.

Kapitel 20
Überall Blut

Marlon wurde genäht und nüchterte aus. Am nächsten Morgen hatte er alles vergessen. Jedes seiner Worte, alle seine Taten. Vor mir stand eine mir fremde Person. Ein Mensch, der mir Angst machte. Ich sagte nichts. Kein Wort. Zu viel Respekt hatte ich vor Marlons Reaktion und zu wenig Kraft, um darauf zu reagieren. Ich spürte, dass ich wegmusste. Wie ich meine Sachen greifen und die Flucht auf mich nehmen wollte. Doch ich konnte nicht. Schmerzen. Überall. Ich war komplett am Arsch. Marlons bösartige Worte zerfraßen mich innerlich. Sie machten mich krank. Nierenentzündung, Darmentzündung, Virus und Windpocken war nur wenig von dem, was mich die nächsten Tage einholen sollte.

»Erzähl mir einer, dass die Psyche und die körperliche Gesundheit nicht zusammenhängen«, fluchte ich und wusste, dass ich festsaß. An einem Ort, den ich mittlerweile so verabscheute. Ich suchte zuerst in einer Hausarztpraxis Hilfe, dann im Krankenhaus. Doch die Ärzte pumpten nur Antibiotika in meinen Körper. ›Fick mein Leben‹, dachte ich, als ich immer schwächer wurde. Wieder fühlte ich mich am Ende. Körperlich, aber ganz besonders psychisch. Ich fühlte mich gefangen. Gefangen in einem nutzlosen Körper.

Die Tage vergingen und kamen mir endlos lange vor. Eine Zeit ohne Essen und voller Schmerz. Stundenlang saß ich brechend vor der Toilette. Zusammengekauert. Ich hockte mich in die Ecke des Badezimmers, spürte den kalten Fliesenboden unter mir und lehnte den Kopf gegen die Wand. Ich wünschte mir so sehr, die Zeit würde zurückgeschraubt werden. Zurück nach Sardinien. Als mein Leben so perfekt war. Sorglos und frei. Noch vor wenigen Wochen hätte ich nie gedacht, dass ich auf meiner Reise den Alltag spüren würde. Doch ich wusste auch, dass ich jetzt den Alltag lebte. Jeder Tag war wie jeder andere auch, voller Schmerz und voller Angst. Jeden Tag verbrachte ich in den vier Wänden und hoffte darauf, schnell wieder einzuschlafen, um dem Schmerz für eine kurze Weile zu entfliehen. Jeder Tag war eine Last.

Wieder wurde mir übel. Mit den Händen griff ich nach der Toilettenschüssel und übergab mich. Mit einem Handtuch wischte ich mir den Mund ab. Schock! Mein Herz blieb stehen. Ich fasste mir an die Lippen und schaute auf meine Finger. Blut. Dann ein metallischer Geschmack. Ich warf einen Blick in die Toilettenschüssel und musste mich bei dem Anblick gleich ein zweites Mal erbrechen. Dunkelrot. Die Toilette war voller Blut. Der brennende Schmerz ließ nicht lange auf sich warten. Ein Tinnitus setzte ein und übertönte die Toilettenspülung. Mir wurde schwindelig. Ich legte mich auf den Boden, um den Kreislauf nicht komplett in den

Keller schießen zu lassen. Darmentzündung. Ich hatte Panik und beobachtete, wie sich meine Hände zitternd zu Fäusten ballten. Ich wusste, dass ich Hilfe brauchte, aber die Angst vor dem Krankenhaus war riesig. Immer wieder dachte ich an die Zeit vor der Reise. Eine Zeit voller Angst und voller Zweifel. Ich hasste Ärzte, Medikamente und vor allem hasste ich Diagnosen. Leise schloss ich die Tür zum Badezimmer auf.

»Marlon«, flüsterte ich hilfesuchend. Leise, aus Angst, etwas Falsches zu tun, etwas Falsches zu sagen. »Bring mich ins Krankenhaus. Bitte«, sagte ich.

Ein schräger Blick von der Seite: »Und die können dir helfen, oder was?«, fragte er ironisch und wandte sich wieder von mir ab. In der einen Hand hielt er seinen Joint und in der anderen ein Feuerzeug, mit dem er gemütlich die Tüte anzündete. Er war bereit für den Abend. Die Mischung aus Alkohol, Gras und extrem wenigen Gehirnzellen machte ihn immer wieder zum kompletten Wichser.

»Muss jetzt auch los, hast du noch Geld?«, fragte er und kam auf mich zu. Ich ging an sein Portemonnaie, nahm einen Zwanziger heraus und gab ihm den. »Du bist ein Engel!«, sagte er. ›Wie kann man nur so verdammt dumm sein?‹, fragte ich mich und sah dabei zu, wie er das Haus verließ.

Manchmal traten Menschen in mein Leben, bei denen ich dachte: Ernsthaft? Dieses Spermium hat gewonnen?! Marlon war so ein Mensch. Hohl wie Stroh.

So blieb ich alleine zurück. Ich stand in einem dunklen Raum. Der Geruch von Gras stand in der Luft. Ich wusste schon lange, dass ich am Ende war. In mir drin war ich mittlerweile so leer und unglücklich, dass Aufgeben plötzlich so verdammt nah und einfach schien. Keine Überlegung, keine Zweifel. Ich war an einem Punkt angekommen, an dem ich aus meiner kleinen Traumwelt aufwachte. An einem Punkt, der mich realisieren ließ, dass es keinen Sinn mehr machte, meine Reise weiterzuleben. ›Irgendwann‹, dachte ich und schaute aus dem Fenster. Dunkelheit. Doch irgendwo da war der Vulkan. Ein Vulkan, nach dem ich mich sehnte. So sehr ... Doch letztendlich konnte der Vulkan warten, denn das Leben tut es vielleicht nicht ... Mir lief eine Träne über die Wange, als ich nach meinem Handy griff.

»Mama? Ich komm heim«, flüsterte ich und weinte leise vor mich hin.

Kapitel 21

Der Kubaner und meine Suzuki

Es war früh am Morgen. Schlapp und völlig am Ende griff ich nach einer Tasche und stopfte das Wichtigste hinein. Alles andere ließ ich zurück. Das Flugzeug würde fliegen. Heute noch. Ich schluchzte auf, als ich den Rucksack über meine Schultern warf und die Tür hinter mir zuzog. Es war eine Flucht. Eine Flucht weg von einem Ort, der mich innerlich kaputtmachte. Und doch konnte ich meine Tränen nicht halten. Ich hatte Angst, die Reise vielleicht für immer zu beenden.

Ich stand einfach so da, den Blick auf meine Suzuki gerichtet. Mein Herz blutete, meine Knie waren weich, als ich überlegte, was mit meinem Bike passieren sollte. Mittlerweile war es ein schrottiger Metallhaufen. Zusammengehalten von Klebeband und Kabelbindern. Aber es war *mein* Metallhaufen. Mein Baby, mit dem ich alles erlebt hatte. Jeder Tag und jede Straße. Dieses Bike hatte mich immer begleitet. Mit meinen Fingerkuppen strich ich über den rostigen Lenker. Dieses Motorrad erzählte eine Geschichte, meine Geschichte. Ich kramte den Affen hervor und drückte ihn fest an meine Brust. »Danke«, flüsterte ich und dachte an all die schönen Momente zurück. Ich wusste, dass diese Zeit nicht selbstverständlich war. Die Zeit auf meinem Bike, mit dem Affen und einem Lachen im Gesicht. Ein Lachen, das ich hier auf Teneriffa verloren hatte. ›Zeit zu gehen‹, dachte ich mir, griff meine Suzuki und fuhr in eine einsame Gasse. Ein Blick links. Ein Blick rechts.

»Heeey«, rief ich, als ein Kubaner mir mit seinem klapprigen Fahrrad entgegengerollt kam. Das, was ich dann tat, war risikoreich. Vielleicht war es sogar das Naivste, was ich jemals getan hatte. Und doch war es richtig, weil es sich gut anfühlte.

»Pass auf sie auf«, sagte ich und drückte diesem fremden Mann meinen Motorradschlüssel in die Hand. ›Ufff, hab ich das grad echt getan?‹, fragte ich mich und schaute in das grinsende Gesicht des Kubaners. ›Na ja, sein Lächeln ist es wert‹, dachte ich mir und streichelte ein letztes Mal über den Tank meiner Suzi. *Ob ich mein Bike jemals wiedersehen würde?* Wahrscheinlich nicht. Nachdem ich mir die Nummer des fremden Mannes notiert hatte, brach ich auf. In mir drin die Hoffnung, mein Bike eines Tages wieder in die Arme zu schließen. ›So viele Erinnerungen‹, dachte ich und wurde mir darüber klar, wie viel ich schon erlebt hatte. Auch wenn der materielle Wert meiner Maschine mittlerweile absolute Grütze war, war der Wert für mich ins Unermessliche gestiegen. Und trotzdem ließ ich sie zurück, wie fast alle meine Sachen. Mir war alles egal, sollte Marlon das Zeug doch verkaufen. Nur eins zauberte mir ein Lächeln ins Gesicht, ihn selbst sollte ich in meinem Leben nie wiedersehen.

Die Fahrt zum Flughafen war wie ein »Film speichern« für mich. Wieder hatte ich Dinge erlebt, die sich wie Rillen in einer Schallplatte eingebrannt hatten. Dinge, die ich vor lauter Schönheit nie vergessen möchte, vielmehr noch mal erleben möchte. Dann die anderen Dinge, die ich so sehr verabscheute, irgendwie nur vergessen wollte. Und doch waren sie es, die mich zu dem Menschen gemacht hatten, der ich jetzt war. Ein Mensch, der so sehr von der Vergangenheit geprägt war, dass er in Zukunft anders handeln wollte. Anders handeln würde. Den Flughafen zu betreten war surreal. Ein merkwürdiges Gefühl überkam mich. Ein Gefühl, das irgendwo zwischen Richtig und Falsch lag. Ich hatte Angst, alles hinter mir zu lassen, und doch freute ich mich auf Zuhause. Ich freute mich darauf, mich fallen lassen zu dürfen und nicht mehr stark sein zu müssen. Ich freute mich darauf, wieder dieses kleine Mädchen sein zu können. Ein Mädchen ohne diese unendlich große Verantwortung der Selbstständigkeit.

Kurz darauf betrat ich das Flugzeug. In einer Hand meinen Helm, in der anderen einen Rucksack. Wirklich viel hatte ich nicht dabei. Aber genau so ging es jetzt nach Hause. Deutschland. Zurück in die Heimat. Die ich seit beinahe 7 Monaten nicht mehr gesehen hatte. Familie, Freunde. Alles schien so weit weg. Die Sonne stand hoch am Himmel. Es war heiß und mein T-Shirt durchgeschwitzt. In mir drinnen ein Gefühl, dass mich verunsicherte. *War die Reise vorbei? Für immer?* Ich schluchzte auf, als das Flugzeug abhob. Das Letzte, was ich sah, war die Spitze des Vulkans, die durch eine Wolkendecke ragte. Die Spitze, auf der ich noch nicht gewesen war, aber mein Herz mich so sehr dort hinaufziehen wollte.

Kapitel 22
Über den Wolken ist die Freiheit grenzenlos

Zu Hause vergingen die Tage und Wochen wie im Flug. Ich nahm meine Familie und meine Freunde nach langer Zeit endlich wieder richtig in die Arme. Alles schien, als wäre ich nie weg gewesen. Ich verspürte ein Gefühl von Sicherheit und genoss das Beisammensein mit meiner Familie sehr. Es schien, als wären sie mein Pol, an dem ich immer Halt finden könnte.

Ich schätzte diese Momente der Nähe. Die Moment in Gesellschaft. Und doch fühlte ich mich unwohl. Die Arzttermine und Untersuchungen gingen mir zunehmend auf den Sack. Ich hatte keinen Bock mehr. Die Ärzte checkten meinen Darm und den Kopf, steckten mich in die Röhre und stopften, wie immer, eine ordentliche Ladung Tabletten in mich hinein. Tabletten gegen die Kopfschmerzen. Tabletten gegen die Bauchschmerzen. Tabletten über Tabletten ... Ich fraß mehr von den Dingern, als ich Mahlzeiten zu mir nahm. Ich hätte erwartet, dass mein Körper sich verabschiedet, aber das Gegenteil war der Fall. Ich kämpfte mich von einer lebenden Leiche zurück ins Leben. Allein die Tatsache, dass ich Marlons negative Energie nicht mehr ertragen musste, ließ mich wieder aufblühen. *Was zählte, war: Ich konnte wieder los … Nach fünf Wochen.* Und darüber war ich so verdammt glücklich. Auch wenn die Nähe meiner Familie mir wieder etwas Wärme schenkte, plagten mich Erinnerungen. Erinnerungen an das Krankenhaus, Erinnerungen an meinen Freund. Erinnerungen an eine Zeit, über die ich noch nicht hinweg war. Ich nahm ein Bild von mir und Malte in die Hand. Ich saß auf meinem Bett. Auf dem Bett, in dem ich so viele Monate, nein, Jahre mit ihm verbracht hatte. Meine Augen wurden glasig. Mit meinen Fingern strich ich sanft über das Papier und sah zu, wie sich das Foto von meinen Tränen zu wölben begann. ›Irgendwann‹, dachte ich und legte das Bild zur Seite. »Irgendwann sehen wir uns wieder«, flüsterte ich und wusste, dass ich meinen eigenen Worten keinen Glauben schenkte.

Wirklich gehalten hat mich zu Hause nichts. So sehr ich meine Familie liebte, so sehr liebte ich die Ferne. Es zog mich zurück ins Abenteuer. Ich wollte nach Teneriffa. Zurück zu meiner Suzuki, zurück zu meinem kleinen Traum! Dem Traum vom Vulkan. Mehr als ein Monat war vergangen, als ich meiner Mutter zum Abschied einen fetten Kuss auf die Wange drückte. Im Unterschied zu meinem Vater und meinem Bruder, die sich für mich freuten, konnte meine Mutter ihre Sorge nur schwer verbergen. Letztendlich musste sie meine Entscheidung jedoch akzeptieren. Denn ich brach auf. Wieder einmal. In Hamburg in den Flieger zu steigen war so unwirklich. Schon der Duft von Kerosin am Flughafen roch nach Freiheit. Es ging also endlich wieder los – erst fliegen, dann cruisen. Im Gepäck fast nichts. Nur der Affe, mein Helm und die Hoffnung, alles andere wieder vorzufinden. Diese Art der Naivität würde wohl nie ganz schwinden.

Der Flieger hob ab, gab Schub, was für ein geiles Gefühl! Genau in diesem Moment wurde mir bewusst, dass die Reise weiterging. Vor noch wenigen Wochen hätte ich das niemals für möglich gehalten. »Das Einzige, was ich für möglich gehalten hätte, sind irgendwelche Blumen auf meinem Grab«, dachte ich und schaute aus dem Fenster. Ich war über den Wolken, mein Blick weit in die Ferne gerichtet. Ich hatte die letzten Wochen viel gelernt. Am eigenen Körper hatte ich gespürt, wie ein Mensch mich kaputtmachte. Ich hatte gespürt, wie es ist, wenn jemand dich in den Dreck zieht. Deinen Selbstwert in den Dreck zieht ... Ich hatte aber auch gelernt, dass sich niemand das Recht nehmen darf, dich zu missbrauchen. Dass mich diese Erkenntnis später vor dem Schlimmsten bewahren sollte, wusste ich zu diesem Zeitpunkt noch nicht.

Von Weitem sah ich Teneriffa. Blauer Himmel. Wolkenklar. Der Vulkan ragte hoch empor und ließ meinen Körper kribbeln. Ein Gefühl überkam mich, das mich erwärmte und mich glücklich stimmte.

›Wahnsinn!‹, dachte ich, als ich auf die Insel herabschaute. Das Flugzeug landete. Meine Knie zitterten. Ich riss mich zusammen, nicht gleich wieder loszuflennen, und betrat das erste Mal nach fünf Wochen die Insel Teneriffa. Die Sonne knallte auf meine weiße Haut. ›Du warst auch schon mal brauner‹, dachte ich und fühlte mich wie der letzte Käse.

»Kacke«, flüsterte ich und merkte, dass ich keine Sonnencreme dabeihatte. »Auf den Sonnenbrand!« Ich zog meinen Pulli aus. Die heiße Sonne wieder auf meiner Haut zu spüren tat gut. Die Aufregung stieg. Nervös schleuderte mein Gehirn Tausende Gedanken umher.

»Suzi, ich bringe dich um, wenn dir was passiert ist!« Ich hoffte so sehr, mein Bike wieder unter meinem Arsch zu spüren. Der Kubaner hätte die Maschine mitgehen lassen können. ›Ab auf den Sattel und weg mit dem Gerät‹, dachte ich und stellte mich darauf ein, mein kleines Baby nicht wiederzusehen.

»Mann, du bist immer noch genauso naiv wie vor fünf Wochen.« Einen Plan B hatte ich nicht. »Läuft bei dir«, sagte ich und hoffte einfach auf das Beste. Fakt war, ich bin vor Aufregung fast explodiert, als ich dem fremden Mann eine Nachricht schickte. Keine Antwort. Der Kubaner hätte nur den Schlüssel ins Schloss stecken müssen und das wär's für mich gewesen. ›Uff! Das ist belastend … ‹, dachte ich mir und machte mich auf den Weg zu der Seitenstraße, in der ich mein Bike zurückgelassen hatte. Meine Handflächen waren pitschnass, als ich der Straße näher kam. Vorsichtig lugte ich um die Ecke des Hauses. Ein Blick. Noch ein Blick. Ich konnte meinen Augen nicht trauen. Dann brach ich zusammen.

»Meine Suzi!«, schrie ich wie eine Verrückte. Mein Motorrad lag am Boden. Ohne Spiegel, völlig versandet, und doch war es noch da. »Danke«, flüsterte ich und liebte den Kubaner dafür, dass mein Bike zumindest noch einigermaßen wohlauf war. Ich sprintete auf mein Motorrad zu. Der Schlüssel steckte. Ich konnte mir ein Lachen nicht verkneifen. ›Geisteskrank‹, dachte ich mir und war mit der Situation überfordert. ›Was ist passiert, als ich weg war?‹, fragte ich mich und sah auf meine Maschine hinab. So wirklich gut ging es ihr nicht. Ich nahm all meine Kraft zusammen und stellte sie auf. Dann legte ich meine Hand auf den aufgeheizten Tank und fing an, den Dreck herunterzuwischen. Ich kramte meinen Affen hervor und schnürte ihn mit Kabelbindern zurück an den Lenker. »Wieder zu Hause«, sagte ich und streichelte über sein raues Fell. Der Plüschaffe starrte mich mit seinen großen Glupschaugen an, als ich vorsichtig meinen Motorradschlüssel im Schloss drehte. Knirschen. Nur mit viel Gefühl und Geduld bekam ich den Schlüssel schließlich umgedreht und das Bike sprang an. Ich atmete auf und hatte schlagartig ein fettes Grinsen im Gesicht. Dann drehte ich am Gas und schlängelte mich durch die schönen Felsen Teneriffas. Mein Herz schlug schneller. Der Weg hinauf zum Vulkan war ein Traum. Unter meinem Helm bestaunte ich die gigantische Landschaft und genoss das Gefühl, mich endlich wieder in die Kurven legen zu können. Ich kam dem Moment immer näher, an dem ich die Spitze erreichen würde. Dem Moment, auf den ich so lange gewartet hatte.

Und dann stand ich da, überglücklich. Mit dem Motorrad und meinem Affen. Ich zog den Schlüssel aus dem Schloss und machte mich zu Fuß weiter auf den Weg zum höchsten Punkt Spaniens. Unter mir Steine. Über mir die knallende Sonne. 30 Grad. Ein unbeschreibliches Gefühl, als der Schweiß mir von der Stirn tropfte. ›Irgendwie so ungreifbar‹, dachte ich, als ich mein Ziel endlich erreichte. Eine atemberaubende Aussicht. Freiheit! ›Wie sehr habe ich mir das hier gewünscht? Wie sehr!‹, fragte ich mich. Es war ein Moment, in dem ich alles vergessen konnte. Ich spürte den Wind auf meiner Haut und lächelte unwillkürlich.

»Gut, dass du dir diesen Moment aufgespart hast!«, sagte ich mir. Denn jetzt war der Zeitpunkt in meinem Leben, in dem mir das Lachen Mut und neue Kraft schenken konnte. Ich streckte die Arme in die Luft. Noch nie hatte ich mich so gefühlt. NIE. Meine

Augen waren glasig vor Freude. Die Wolken unter mir zu sehen und den blauen Himmel über mir weckte ein Gefühl des Fliegens in mir. Ich fühlte mich fast wie ein Vogel, der beschwerdefrei seine Weiterreise antrat. In mir ein Gefühl, an das ich noch Jahre später zurückdenken würde. In diesem Moment konnte ich abschließen. Abschließen mit einer Menge Grütze. Dieser Ort schenkte mir so viel Wärme und Freude, dass ich endlich loslassen konnte. Loslassen von Malte. Loslassen von der Krankheit und loslassen von all dem Müll, der mir die letzten Wochen auf den Schultern lastete. Es war ein Neuanfang. Wieder ... Ich fühlte mich voller Energie und Leben. Ich war glücklich und unbeschwert. ›Wie lange ist es her, dass ich so fühlen durfte?‹, fragte ich mich und dachte an den Beginn meiner Reise zurück. Schon mehrere Monate hatte ich dieses Gefühl vermisst. Dieses Gefühl gebraucht ... Für mich war hier ein magischer Ort. Ein Ort, an dem ich lange blieb, um der Sonne dabei zuzusehen, wie sie die Wolkendecke in wunderschönen Rottönen erstrahlen ließ. Mein Blick war starr in die Ferne gerichtet. Das war mein Moment. Der Moment, auf den ich so lange gewartet hatte und von dem ich mir so viel erhofft hatte. Doch in Wirklichkeit war dieser Augenblick noch viel vollkommener, als er es in meiner Vorstellung je hätte sein können.

Erst als die Nacht hereinbrach, löste ich meinen Blick von der Wolkendecke und schaffte es, wieder einen klaren Gedanken zu fassen. Stunden hatte ich hier oben verbracht. Stunden, die mich innerlich wärmten, aber jetzt fast zu Tode frieren ließen. Es war arschkalt. ›Eigentlich auch logisch, wenn die Sonne verschwindet und du einfach mal 3.718 Metern über dem Meeresspiegel chillst‹, dachte ich mir und lief fröstelnd zurück zu meinem Bike. Ich startete den Motor und wärmte meine Hände am Auspuff. Dann schlüpfte ich in meine Handschuhe und fuhr den Vulkan wieder hinunter. So lange, bis ich eine Höhe erreichte, die mich nicht mehr wie ein Eiszapfen fühlen ließ. Hier stellte ich meine Suzuki ab und baute mein Zelt auf. Dann hängte ich meine Hängematte zwischen den Bäumen auf und genoss die frische Nachtluft. Hier fühlte ich mich wohl, hier fühlte ich mich geborgen.

Ich kuschelte mich in meinen Schlafsack und schaute in den Himmel. Eine Sternschnuppe. Mein Herz erfüllte sich mit Wärme. Wie ich das vermisst hatte! Den Blick in die Galaxie. Ein Blick, der mir so viel gab und doch so wenig abverlangte. Lange blieb ich wach und schaffte es noch in dieser Nacht, meine tausendste Sternschnuppe zu zählen. Die Sternschnuppe, auf die ich so lange gewartet hatte. Tage, Wochen, nein, Monate hatte ich meinen Blick in den Himmel gerichtet. So viel Zeit hatte ich damit verbracht, mich in den Bildern der Sterne zu verlieren. Hier konnte ich abschalten und vergessen. Die vielen Wünsche verwandelten sich in kleine Ziele und Träume. Ich dachte an meine erste Sternschnuppe zurück und daran, wie ich mir gewünscht hatte, einmal die 1000 zählen zu dürfen. Die 1000, die ich heute zähen durfte! ›Wahnsinn‹, dachte ich und wurde mir darüber bewusst, was ich in der Zwischenzeit alles erlebt hatte. Gutes. Schlechtes. Ein Abenteuer, an dem ich gereift war, an dem ich gewachsen war und das mich bereichert hatte.

»Und hey, die paar Kack-Erfahrungen, die du hattest, lassen dich Momente wie diesen wieder schätzen«, sagte ich mir und schloss die Augen. Doof nur, dass ich schon am nächsten Morgen Erfahrungen machen sollte, die mir fast den Tod gebracht hätten.

Ort:
Teneriffa, Santa Cruz

Besonderes:
Sahara-Sandsturm

Zeit:
März 2020

Zustand Suzi:
Verschlissen

Kapitel 23
Nebel des Grauens

Ich wachte auf. Nur wenige Stunden waren vergangen. In meiner Nase stand Rauch, meine Augen brannten und in meinem Hals steckte ein fetter Kloß. Ich hustete. Einmal. Noch einmal. Doch das komische Gefühl verschwand nicht. Es war wahnsinnig früh und nur der Mond am Himmel spendete etwas Licht. Um mich herum ein Nebel. Grau. Verschwommen. Die Sicht fiel schwer. Irgendetwas stimmte nicht. Das Atmen fiel schwer, als ich versuchte, die Orientierung für mich zu gewinnen.

Binnen Sekunden stieg Panik in mir auf. Ich rang nach Luft. Meine Gedanken wirr. Benommen stieg ich aus der Hängematte. Ich drehte mich im Kreis und hielt Ausschau nach meinem Bike. Irgendwelche Umrisse war alles, was ich wahrnahm. Es war heiß, als ich meinen Pullover auszog und zum Schutz vor meinen Mund hielt. Ich würgte, als ich einen Geschmack von Rauch auf meiner

Zunge spürte. »Feuer!«, dachte ich und handelte instinktiv. Schnell griff ich nach meinem Helm, einer Tasche und taumelte luftringend zu meinem Bike. In Schlafanzughose und Top startete ich meine Maschine. Der Motor meckerte, ließ mich zappeln und ließ in mir die Angst hochkommen.

»Komm schon, komm schon!«, schrie ich und spielte wie wild an meinen Choke herum. Immer wieder soff sie ab und ließ mich im Stich.

»Nicht jetzt!«, flüsterte ich und rang verzweifelt nach Atem. »Bitte nicht jetzt …« Meine Augen brannten, als ich hektisch an meinem Bike herumhantierte. Meine Kraft war am Ende. Ich war am Ende. ›Aufgeben‹, dachte ich und zweifelte.

»Fuuuuck!« Noch einmal startete ich einen Versuch, der mich retten sollte. Vielleicht sogar vor dem Schlimmsten … Meine Suzuki sprang an. Vorsichtig gab ich Gas und schlängelte mich durch den Wald. Ich brauchte ewig bis zur nächsten Straße. Meine Frontlampe war eine Katastrophe und die Orientierung so gut wie unmöglich. Die Sicht war schlecht, als ich mit vielleicht 15 km/h die Kurven entlangfuhr. Die Straßen menschenleer. Meine Angst wurde größer. Ein Unwetter war aufgezogen und ließ mich nur schleichend vorankommen. Mit aller Kraft versuchte ich, die Maschine auf der Straße zu halten. Sturm. Der Wind peitschte über die Insel. Ich fuhr immer langsamer und bedachter. Mein Puls stieg, als ein lautes Krachen mir für wenige Sekunden die Luft raubte. Ein Baum. Nur wenige Meter vor mir.

»Neeeein!«, schrie ich und trat mit voller Kraft auf die Bremse. Mein Hinterreifen schlitterte, bevor ich nur knapp vor dem umfallenden Baum zum Halten kam. Der Stamm landete mit einem dumpfen Prall auf der Straße. Äste fegten mir entgegen. Die Weiterfahrt war unmöglich. Ich musste mich neu sammeln. Die einzige Chance? Umdrehen. Unter Panik wendete ich mein Bike und fuhr die ganze Strecke wieder zurück. Der einzige Weg: quer über die Insel. Meine Knie waren weich wie Butter, als ich nur langsam vorankam. Mit voller Kraft hielt ich mein Bike auf dem Teer. Mir wurde bewusst, wie gefährlich die Lage war, in der ich mich gerade befand. 15 km/h. Eine Ewigkeit verging. Eine Ewigkeit, in der ich zitternd auf einen Unterschlupf hoffte.

Die ersten Sonnenstrahlen spendeten etwas Licht. Völlig fertig fuhr ich am frühen Morgen eine Stadt an: Santa Cruz. Noch immer war die Luft schlecht, aber der Geruch von Feuer war verzogen. Ich konnte kaum meine Hand vor dem Gesicht erkennen. Ich verkrümelte mich in ein Parkhaus, setzte den Helm ab und atmete auf. Ich lehnte mich gegen die Wand und richtete den Blick auf mein Bike. Sand. Mann, war ich verwirrt. ›Was zur Hölle war das?‹, fragte ich mich und strich mir mit schwitzenden Händen durch die Haare. Ich warf einen Blick auf mein Handy: Tausende Nachrichten hatten meinen Account die letzten Stunden überflutet. »Kanaren erleben schlimmsten Sahara-Sandsturm seit 40 Jahren« oder »Waldbrände verwüsten Teneriffa« waren nur einige Artikel von denen, die mir direkt ins Auge stachen. Ich war mitten drin. Straßen wurden gesperrt, die höchste Warnstufe ausgerufen. Menschen verzogen sich in ihre Häuser, die Gassen waren leer. Der Wind fegte über die Insel und ließ die Bäume tanzen. Ein feiner Sand in der Luft. Ein Sand, der die Städte lahmlegte. Die Luft war schlecht. Zu dem Zeitpunkt sicher die Schlechteste weltweit.

Der Sturm fegte feinen Sand aus der Sahara über das Meer, bis hin auf die Kanarischen Inseln. ›Ganz toll! Und ich fahr erst mal die halbe Insel ab, um jetzt zu lesen, dass ich wahrscheinlich an Krebs verrecken werde‹, dachte ich und putzte meine Nase mit einem Taschentuch. Schwarz. Gesund sah definitiv anders aus. Ich rotzte tonnenweise Sand aus meinem Kopf, bevor ich ihn wieder ordentlich zu nutzen wusste. Ich griff in meine Tasche. Nur unnötige Scheiße. Kein Geld. Kein Ausweis. Alles an einem Ort, der wahrscheinlich gerade in Flammen stand. Ich war am Arsch! Mein Zelt, meine Klamotten und alle meine Papiere hatte ich zurückgelassen. No joke, ich sah mich schon neben irgendwelchen Obdachlosen gammeln. Und siehe da ... genau das tat ich. Zwei Tage lang in Santa Cruz de Tenerife. Ohne Essen, in einer Ungewissheit, die mich zerfraß. Belastend. Einfach nur belastend.

Nach zwei Tagen hatte sich das Wetter wieder einigermaßen beruhigt. Mein Magen war mittlerweile gefühlt um die Hälfte geschrumpft und meine Angst um das Doppelte gewachsen. Der Hunger brachte mich fast um den Verstand. Ich wagte einen Blick auf mein Bike. Ranz. Der feine Sand hatte sich überall abgelegt und meine Maschine komplett verharzt. Der Luftfilterkasten war so zu, dass ich einen halben Sandkasten ausklopfte, bevor ich die Suzuki wieder zum Laufen bekam. Dann konnte ich weiter. Endlich! Die Straßen waren freigegeben, mein Geduldsfaden hauchdünn. Ich wollte Gewissheit darüber, ob alle meine Sachen abgefackelt waren oder nicht. Ich schwang mich auf mein Bike, drehte am Gas und fuhr mit voller Geschwindigkeit den Vulkan hinauf. Eine Kurve links. Eine Kurve rechts. Die Nervosität stieg. Der Geruch von Feuer stach noch immer in meiner Nase. ›Safe alles verkokelt‹, dachte ich deprimiert, als ich sah, was der Sturm angerichtet hatte. Überall waren Bäume auf den Weg gefallen. Auf den Straßen hatte sich der Sand gesammelt und einzelne Gebiete waren vom Feuer so heruntergebrannt, dass man sie kaum wiedererkennen konnte. Meine Hoffnung sank von Minute zu Minute weiter in den Keller.

Der Moment war gekommen. Der Moment, an dem ich an dem Waldstück Halt machte und Ausschau nach meinem Zelt hielt. Doch in mein Auge stach mir lediglich ein knallrotes Absperrband.

›Ach, du heilige Kacke!‹, dachte ich. Ich stellte den Motor ab und blieb einige Sekunden reglos auf meinem Bike sitzen. Mein Hirn ratterte, bevor ich schließlich unter dem Band hindurchhuschte.

Kapitel 24
Es geht weiter

Ich rannte. So schnell, dass ich fast über meine eigenen Beine stolperte. In meinem Kopf tausend Gedanken. Ich merkte, wie ich nervös wurde und zu zittern begann. In meiner Schlafanzughose und mit dem Helm auf dem Kopf, sprintend im Wald, musste ich ausgesehen haben wie der letzte Affe. Nass geschwitzt entdeckte ich sie. Die Zeltspitze! Laut jubelte ich auf und legte mich erst mal auf die Fresse. Die Schürfwunden waren mir egal. Das, was ich gesehen hatte, war wirklich mein Zelt. Mein Zelt!

Ich konnte meinen Augen kaum trauen. Mit meinen Händen strich ich über die Hängematte, die Zeltwand und meine verbliebenen Sachen. Alles noch heil. Nichts war abgefackelt. Gar nichts. Ich konnte mein Glück nicht fassen. Ich drehte meine Hängematte um. Der Sand hatte sich in ihr gesammelt und rieselte langsam auf den Waldboden. Ich schaute mich um. Ein Koffer hatte sich geöffnet, der Inhalt war sonst wo. Stundenlang lief ich durch den Wald und sammelte alles zusammen, was ich wiederfinden konnte. Meine Zahnbürste lag im Dreck, meine Klamotten waren zur Hälfte verschwunden und das gesamte Zelt im Sand versunken. Ich fegte alles hinaus, schüttelte meinen Schlafsack aus und baute das Zelt ab. Meine Wertsachen verstaute ich in meinem Rucksack und die übrig gebliebenen Klamotten stopfte ich in meinen Koffer.

Die unwirkliche Szene begriff ich erst, als ich mich auf das Motorrad setzte. Ich ließ den Blick umherschweifen. Am Himmel sammelten sich einzelne Wolken. Um mich herum die Bäume und weit über mir der Vulkan. Ich fand den Weg zurück zur Straße und hielt kurz inne. So etwas erlebt zu haben ... Wieder verspürte ich ein Gefühl der Dankbarkeit. Dankbar, auch diese Art der Erfahrungen machen und als unvergessliche Erinnerung abspeichern zu dürfen.

Ich fuhr die Straße hinab, ging in einem der vielen Naturpools baden und besuchte den schwarzen Strand von Montana Roja. Noch immer war es komisch, ein schwarzer und nicht schneeweißer Strand. Ich setzte mich und strich mit den Händen über den warmen Sand, begann die winzig schwarzen Sandkörner zu zählen und erinnerte mich an die Anfänge meiner Reise zurück. Und jetzt ... 415 ... 632 ... 876 ... Geduld. Eine Charaktereigenschaft, die ich vor meiner Reise nicht besessen hatte. Als ich jetzt stundenlang vor mich hinzählte, wurde mir bewusst, wie sinnlos es war. Wie sinnlos das ganze Leben doch manchmal war. Mann, ich saß in der Abendsonne und zählte Sandkörner. Sandkörner, verdammt! *Was stimmt mit mir nicht?* Und doch war ich glücklich. Vielleicht war es dieser Abend, an dem ich für mich den Sinn des Lebens fand. Glücklich sein. Während ich nachdenklich ein Sandkorn nach dem anderen meine Hände hinabrieseln ließ, wurden meine Augen träge. Schlapp, aber überglücklich fand ich meinen Schlaf.

Erst als die Sonne am nächsten Morgen auf meinen Kopf knallte, wachte ich auf. ›Oh, nicht schon wieder‹, dachte ich und fasste in mein Gesicht. Sonnenbrand. Wie viele ich davon auf meiner Reise mitgenommen hatte? Keine Ahnung. Es war mehr und mehr zu einem Zustand der Normalität geworden. Ich setzte mich im Schneidersitz auf und dachte nach. Unbewusst nahm ich zwei oder drei Schlucke aus meiner Wasserflasche und genoss den Blick aufs Meer. Ich war auf Teneriffa, aber es gab doch noch so viel mehr. So viele kanarische Inseln, die ich noch nicht gesehen hatte. ›Ist es nicht langsam an der Zeit, mein Popöchen wieder weiterzubewegen?‹, dachte ich und kramte mein Portemonnaie heraus. Mit meinen Fingerspitzen zog ich meine letzten Scheine hervor. Viel war es nicht. ›Komm, Affe, drück dir selbst die Daumen‹, dachte ich und schaute mir im Internet die Preise der Fährfahrten an.

»Ja, Mann!«, rief ich aus und schaute mich beschämt im Kreis um. »Okay, mich hat niemand gesehen«, dachte ich und zögerte nicht lange. Noch am selben Tag buchte ich die Fährfahrt nach Lanzarote. Spontanität. Meine Aufregung stieg. Mir blieben nur noch wenige Tage auf Teneriffa. Aber diese hab ich genossen. Volle Kanone! Viel Motorrad fahren konnte ich nicht mehr. Mein Geld neigte sich dem Ende und ich griff anstelle von Benzin lieber erst mal zu meiner Hängematte. So spazierte ich über die Strände und hielt Ausschau nach einem geeigneten Platz zum Baumeln. Meine Augen sammelten Bilder für die Seele, meine Ohren die Melodie dazu. Es ging mir gut. Einfach nur verdammt gut.

Am Abend kramte ich eine alte Packung Kaffee aus meiner Motorradtasche, zündete mir ein Lagerfeuer an und begann zu kochen. Heißen Kaffee. Schwarz. Etwas, das ich früher immer super widerlich gefunden hatte, aber heute zu etwas ganz Besonderem geworden war. Auf so einem Abenteuer wird jede Kleinigkeit groß, lecker ist sowieso alles, und wenn mal nicht, gibt der Hunger das Gewürz dazu. Schwups, kann man die Brühe hinunterwürgen. Und dieser Kaffee ging runter wie Schokolade.

Jeder Tag schien im Handumdrehen an mir vorbeizuziehen, alles schien endlich mal so einfach. Ein letztes Mal ließ ich die Landschaft Teneriffas auf mich wirken, bevor ich mich schließlich auf den Weg Richtung Fährhafen begab. Die Polizei zog mich immer häufiger aus dem Verkehr. Sie kontrollierten mich und schenkten meiner Maschine skeptische Blicke. Logisch. Der Sandsturm hatte mein Bike komplett vernichtet. Keine einzige Lampe leuchtete mehr, nur mein Arm war zu meinem zuverlässigen Blinker geworden. Klar, dass die Bullen sich fragten, was mit mir nicht stimmte. Meine Karre war von oben bis unten illegal. Die Ausreden wurden immer schwieriger und vor allem dümmer. Ich probierte viele Wege, mich an den Polizisten vorbeizuschmuggeln. Einer, der immer zog, sich einfach noch dümmer stellen, als man eh schon war. Geht immer! So tat ich nicht selten, als würde ich nicht eine Sprache dieser Welt beherrschen. Ich stand auf einem Parkplatz und wartete auf die Fähre, die mich nach Lanzarote bringen sollte. Ich stöhnte auf, als ich sah, dass die Polizei wieder am Start war.

»So kannst du unmöglich weiter!«, sagten die Bullen mir in dieser Woche schon zum dritten Mal und schauten mich mit ernster Miene an. Ich setzte meinen dümmsten Blick auf.

»He?«, fragte ich und tat auf komplett unterbelichtet.

»Nicht erlaubt!«, wiederholten sie und zeigten deutlich auf meine Suzuki.

»Ich nicht checken!«, antwortete ich auf Deutsch und setzte ein verzweifeltes Gesicht auf. Ich tat so, als ob ich keines ihrer Worte verstehen würde, zeigte ihnen irgendwelche Bilder von Motorradspiegeln im Internet und merkte, wie ich langsam mein Ziel erreichte. Die Polizisten hatten keinen Bock, sich weiter mit mir abzugeben. Als ich dann noch mein Motorrad anmachte, den Choke nicht zog und die Maschine immer wieder extra absaufen ließ, suchten sie sich ein anderes Opfer. ›Check‹, dachte ich und setzte ein breites Grinsen auf, als sich das Polizeiauto wieder entfernte.

Voller Energie fuhr ich schon wenige Minuten später auf die Fähre. Ich sag jetzt mal nicht Boot oder Schiff, denn schon beim Reinfahren kam mir alles so alt vor. Wieder so, als würde das ganze Teil auseinanderfallen. In dem Ranzhaufen stellte ich mein Bike sicher ab und begab mich auf die Passagierebene. Sessel. Stühle. ›Fuck, ist es lange her, dass ich in einem Sessel gechillt hab‹, dachte ich und stellte mir vor, wie ich mich in das weiche Polster plumpsen ließ. Aber erst ... Schnell Richtung WC und die Hände unter fließendem Wasser waschen – am liebsten hätte ich meinen ganzen Körper ins Waschbecken gequetscht!

Die Fahrt dauerte nicht sonderlich lange. Vielleicht zehn Stunden. Vielleicht zwölf. Ehrlich gesagt vergaß ich die Zeit auf diesem bequemen Sessel. Erst als eine Stimme durch die Lautsprecher schallte, realisierte ich, dass wir Lanzarote erreicht hatten. Aufgeregt und übermütig zugleich sprang ich auf und hopste wie ein Kleinkind die Treppen der Fähre hinunter, schwang mich auf mein Bike und sah zu, wie sich die Luke öffnete. Das Gefühl war wie auf Teneriffa: Ich konnte es kaum erwarten, die Kupplung kommen zu lassen und Gas zu geben.

Und dann ... dann folgte eine unvergessliche Zeit auf Lanzarote. Eine kleine Vulkaninsel, die mich mit ihrer Schönheit plättete. Die Natur war zwar eintönig, aber einzigartig. Steine, Sand und Vulkane füllten das Land. Einsame Straßen zogen sich über die Insel und ließen mich an jeder Ecke lächeln, als ich mit meinem Motorrad die Wege erkundete. Ich lag, so oft es ging, am Strand, lauschte spanischer Musik und ließ meine Haut braun werden. Es war traumhaft. Meine Hängematte versuchte ich wann immer möglich zwischen den Pinien zu spannen, dieser Duft! So baumelte ich stundenlang zwischen den Stämmen zweier Bäume und genoss mein Leben. Glücklich. Ich schloss meine Augen, fühlte die Sonnenstrahlen auf meiner Haut und atmete tief ein und aus. Zwischendurch schwang ich mich aus der Hängematte und sprang ins Meer. Lange schwamm ich meine Bahnen und beobachtete bunte Fische, die im Wasser glitzerten. Erst als meine Hände schrumpelig wurden, stieg ich aus dem Meer und ließ meine Haut und Haare in der Sonne trocknen.

Zum Abend hin baute ich mein Zelt im Landesinneren auf. Um mich herum Stein und Sand. Ich schlug die Heringe in die harte Erde, pumpte meine Isomatte auf und schlüpfte in meinen Schlafsack. Ich hörte die Grillen zirpen und genoss dieses Geräusch wohl mehr als jede Musik dieser Welt. Sie ließen meine Augen träge werden und schon ganz bald in einen tiefen Schlaf versinken. ›Wie kann ein Mensch nur so glücklich sein?‹, fragte ich mich und konnte mein eigenes Leben nicht begreifen. Nachdem ich die Einsamkeit einige Tage genossen hatte, sehnte ich mich nach Gesellschaft. Und die paar Euro in meinem Portemonnaie wahrscheinlich auch.

Es war Anfang März 2020, als ich auf Jobsuche ging. Mit meinen Motorradklamotten spazierte ich fröhlich in die Läden hinein. Bereit, jeder Arbeit nachzugehen. Keine Ahnung, wie ich es geschafft hatte, aber noch am selben Tag hatte ich einen Job sicher. Einen absoluten Traumjob in einer Paragliding- und Surfschule in Playa de Famara. In der kommenden Zeit war ich mehr in der Luft oder auf den Wellen, als das ich irgendeiner Arbeit nachgegangen wäre. So schnappte ich mir fast täglich das Surfbrett und begann auf den Wellen zu reiten. Was in irgendwelchen Videos häufig so einfach aussieht, stellte sich dann doch als verdammt schwer heraus. Ich weiß nicht, ob ich einfach nur ein Lappen war, aber ich brauchte ewig, bis ich nicht mehr wie der letzte Depp auf dem Brett herumstolperte. Stunden verbrachte ich mit dem Üben. Ich stand am Strand, beobachtete das Meer und ging erst spät abends aus dem Wasser. Entweder weil die Sonne untergegangen war, meine Knochen zu schmerzen begannen oder mein Boss ungeduldig den Laden schließen wollte.

Das Surfen auf den Wellen ist die eine Sache, aber das Paragleiten die andere. Mein Boss wusste, dass ich nur wenige Tage bis Wochen bei ihm aushelfen würde, und ließ mich nur knapp vier Stunden irgendwelchen Schreibkram erledigen. Anschließend hatte ich Zeit, meinen Tag frei zu gestalten. Oft lief ich den Mitarbeitern wie ein Dackel hinterher und hoffte darauf, dass ein Paragleitflug abgesagt wurde. Denn dann ging der Spaß los. Ich fing an zu betteln, bis einer der Mitarbeiter nachgab und mit mir im Schlepptau zu einem nahe gelegenen Berg fuhr. Keiner von ihnen verstand, weshalb ich von dem ganzen Fliegen nicht müde wurde. Ich hätte es Stunden, nein Tage am Stück machen können. Diese Aussicht … dieses Gefühl vergeht nie. Was für die Mitarbeiter mittlerweile sicherlich Routine war, war für mich Abenteuer. Mein ganzer Körper kribbelte, wenn die Füße den Kontakt zum Boden verloren und man lediglich von dem Schirm getragen wurde. Die Insel von oben zu sehen, den frischen Wind auf der Haut und den Wolken ein Stückchen näher zu sein. Wahnsinn. Einfach nur Wahnsinn!

Es war eine Zeit, in der ich meinen Traum auf dem nächsten Level erlebte. Surfen, Paragleiten und so verdammt oft Tränen lachen. Mein Chef und die Mitarbeiter wurden zu meiner Familie und nicht selten bestellten wir uns am Abend eine fette Partypizza, um bei spanischer Musik und einem Glas Wein den Tag ausklingen zu lassen. Später kaufte ich mir von meinem »schwer« verdienten Geld eine Kletterausrüstung. Gebraucht. Alt. Eine Schnapsidee, die sich aber dennoch bewähren sollte. Ich nahm die Schuhe und das Seil in die Hand und bestieg die Berge. Mit jedem Karabinerhaken, mit dem ich mich weiter und weiter absicherte, stieg mein Glückshormonlevel ins Unendliche.

Wenn ich es nach Stunden dann schließlich auf einen Berg schaffte ... Holla, die Waldfee, war ich voller Adrenalin! Auf dem Berg zu stehen und die Aussicht zu genießen! Ich fühlte mich wieder vollkommen. Fast täglich kletterte ich verschiedene Berge hinauf und überwand meine Angst vor der Höhe. Ich wurde risikofreudiger und wagte mich an Berge, an die ich mich vor wenigen Monaten nie herangetraut hätte. Ich liebte das Gefühl der Gefahr, aber vor allem die schönen Aussichten, die ich in dieser Zeit genießen durfte. Das Gefühl, wenn nur der letzte Schritt zur Spitze fehlt. Unbezahlbar. An einer Klippe zu sitzen, die Füße baumeln zu lassen und den kühlen Wind auf der nassgeschwitzten Haut zu spüren. Momente, die auf ewig festgehalten wurden. Unter mir die Bäume. Winzig klein. Über mir der blaue Himmel. Unendlich.

Nach einem erfolgreichen Klettertag stand ich oben auf einem Berg und schaute hinunter. Mit meiner Hand strich ich über einen rauen Stein und ließ ihn anschließend eine Klippe hinunterfallen.

Ich lachte laut auf. ›Hoffentlich kill ich niemanden‹, dachte ich und sah zu, wie der Stein Geschwindigkeit aufnahm. Ich richtete meinen Blick in die Ferne. Der Moment war perfekt. Ich hätte glücklicher nicht sein können. ›Außer natürlich ich bring mit dem Stein jemanden um‹, dachte ich mir und hörte den stumpfen Aufprall.

Die Tage verstrichen rasant. Perfekte Tage voller Abenteuer und neuer Erinnerungen an eine unvergessliche Zeit. Wann ich die Insel wieder verließ, wusste ich gar nicht so genau. Doch ich ging, wenn es schöner nicht hätte sein können. Mit einem Lächeln auf den Lippen und einem Andenken an eine herrliche Insel. Ich hatte eine Fähre Richtung Cádiz gebucht. Es war Zeit, wieder das Festland Spaniens aufzusuchen, die Kanarischen Inseln hinter mir zu lassen und weiterzuziehen. Sehr viel weiter. ›Hab Bock auf die ganze Welt‹, dachte ich mir und träumte plötzlich riesengroß.

Das Frühjahr war hereingebrochen und die Tage wurden wieder länger und wärmer. Es war Zeit für neue Länder ... spontan und wieder einmal ohne Plan. Einfach drauflos. Wohin es ging, wusste ich nicht. Erst mal vielleicht Norwegen oder Schweden ... dann vielleicht Russland. »Mal sehen«, dachte ich und nahm es, wie es kommen würde. Der Abschied von Lanzarote war dann doch hart. Mein Bike auf die Fähre zu fahren fühlte sich so falsch an.

Fast die ganze Fahrt saß ich am Fenster und musste lächeln, weinen, mich freuen, ich war wütend, musste wieder grinsen und ... war dankbar! Hier, heute und jetzt dankbar. Dankbar für mein Leben und die Reise. Mann, ich wusste, dass es nicht selbstverständlich war. Wir fuhren knappe 48 Stunden, bis wir schließlich im Dunkeln den Fährhafen erreichten. Und doch war es hier warm, in Cádiz. Unter meiner Lederkombi hatte ich nur ein

T-Shirt, als ich die Treppen der Fähre hinunter zu meinem Bike hüpfte. Ich hatte ein fettes Lächeln auf den Lippen, als ich meinen Helm aufsetzte und mich auf meine Suzi schwang. Nach und nach fuhren die Autos von der Fähre. Ich beobachtete die Lichter und genoss das Klappern der Ladefläche, wenn wieder ein Auto den Weg in die Freiheit schaffte. Dann ich! Vorsichtig drehte ich den Schlüssel um und ... nix. Meine Suzi war tot. Einfach nur tot. Wieder und wieder versuchte ich mein Bike zu starten. Ohne Erfolg. Die Karre sagte nicht sonderlich viel. Sie ratterte und würgte ab. Immer und immer wieder. ›Scheiße!‹, dachte ich und schob gemeinsam mit irgendwelchen Arbeitern das Motorrad von der Fähre. Wieder versuchte ich es zu starten. Vergeblich. Ein Auto nach dem anderen fuhr an mir vorbei. Ich erntete tausend mitleidige Blicke. Nach guten zehn Minuten hielt ein Transporter neben mir an und zwei starke Männer stiegen aus. Sie sahen das Problem und halfen mir dabei, das Bike anzuschieben. Doch der Motor sprang nicht an. Keine Chance. Die Männer schienen freundlich. Lachten viel, waren offen. Ich fühlte mich nicht bedrängt oder in einer heiklen Situation, als man mir anbot, mich weiter Richtung Norden mitzunehmen. Im Gegenteil, ich freute mich darüber und nahm das Angebot dankend an. Über die Zeit hatte ich so viele Menschen kennengelernt, dass ich geschworen hätte, so etwas wie Menschenkenntnis entwickelt zu haben. Ein Gefühl für Sicherheit und Gefahr. Scheiße nur, dass ich mich in diesem Fall mächtig täuschen sollte ...

Kapitel 25
Todesangst

Die Route von ihnen passte perfekt, sie fuhren Richtung Deutschland. Die Musik lief, die Nacht brach herein. Noch war alles gut. Noch. So lange, bis einer von ihnen zur Flasche griff. Er besoff sich und veränderte sich. Ich schaute aus dem Fenster, als ich seine Hand auf meinem Bein spürte. ›Nein!‹, schrie alles in mir, als ich sie beiseiteschob. Der Fahrer konzentrierte sich auf die Straße. Ob er das Geschehen nicht sah oder nicht sehen wollte, wusste ich nicht. Auf jeden Fall akzeptierte der Typ meine Entscheidung nicht. Ewig schaute er mich an. Lange. Intensiv. Ich tat so, als ob ich sein Starren nicht bemerken würde, schaute aus dem Fenster und fühlte mich unwohl. Ich begann zu zittern, als er seine Hand in meinen Nacken legte. Ein kalter Schauer durchfuhr meinen gesamten Körper. Sein Griff wurde fester. Er drehte meinen Kopf zu sich. Ich wehrte mich. Keine Chance. Er küsste mich. Er fasste mich an. Er berührte mich an Stellen, an denen ich nicht berührt werden wollte. Doch ich war zu schwach. Viel zu schwach. Etwas nicht zu wollen und dennoch dazu gezwungen zu werden hatte ich vorher nie erlebt. Nicht so. Nie! Ich schrie! *Aber wozu?* Es war Nacht, die Straßen waren kaum befahren und ich war alleine. Wehrlos und verdammt noch mal alleine. Mir war kalt, dann wieder heiß. Ich schwitzte. ›Hilfe!‹, rief alles in mir. Ich konnte nicht verhindern, dass seine Hand in meine Unterhose glitt. ›Selbst schuld!‹, dachte ich und bereute es so sehr, in den Transporter eingestiegen zu sein. ›Du bist so dumm!‹, dachte ich und suchte die Schuld bei mir. Bei MIR. Der Mann packte meine Arme und hielt mich fest. Und verdammte Scheiße, nichts auf dieser Welt kann so etwas entschuldigen. Nichts! Auch mein naives Verhalten nicht.

Ich erinnerte mich an die Zeit mit Marlon zurück. Eine schreckliche Zeit und doch hatte sie mich so viel gelehrt. Seitdem wusste ich, dass niemand sich das Recht nehmen durfte, mich zu verletzen. Niemand! Eine Erkenntnis, die mich jetzt kämpfen ließ. Ich trat auf den Mann ein. Kraftvoll. Panisch. Ich schrie, wie ich nie zuvor geschrien hatte. In mir die pure Angst. Angst vor noch mehr Nähe. Ich zuckte weg und weinte, als seine Hand in mich eindrang. Ich fühlte mich wehrlos, in der Mitte zweier Männer gefangen und schwach. Schwach und alleine. So verdammt alleine. Unter Tränen sah ich zu dem Fahrer auf und hoffte auf Hilfe. Stille. Der Mann tat nichts. Gar nichts. Er sah dabei zu, wie sein Kollege sich abschnallte und meine Arme festhielt. Wie er seinen Gürtel öffnete. Und er sah dabei zu, wie der Mann seine Unterhose hinunterzog. Nichts. Keine Regung, keine Hilfe. Und ich … ich war zu schwach.

Mit all meiner Kraft versuchte ich mich zu wehren. Ich versuchte, meine Arme und Beine zu befreien. Ich versuchte alles. Meine

Augen waren glasig, mein Körper eiskalt und meine Aggression groß. Mir war übel. Ich würgte, als seine Hand an meinen Hals wanderte. Doch es war eine Chance. Eine Chance, mein Bein zu befreien. Und dann trat ich auf ihn ein. Immer und immer wieder. Die Tränen liefen meine Wange hinunter, als ich mich nach und nach aus seinem Griff befreite. Endlich. Meine Hände. Frei. Ich richtete mich wieder auf, drehte mich um und schlug mit aller Kraft auf die Hupe, griff ins Lenkrad und schrie auf. Der Fahrer stieß mich wortlos beiseite, trat auf die Bremse und brüllte herum. Der Transporter stand. Todesangst. Für einen Moment schien mein Herz stillzustehen. Mein Atem stockte.

Er riss aufgebracht die Tür auf, sprang hinaus und verschwand hinten auf der Ladefläche. Ich bewegte mich nicht. Ich wollte, doch ich konnte nicht. Ich hörte, wie er mein Motorrad aus dem Transporter schob, wie er mein Gepäck auf die Straße warf und die Klappe mit aller Kraft wieder zuzog. Der Knall ließ mich zusammenzucken. Stöhnen. Ich sah zu meiner Rechten. Der Täter krümmte sich, fasste sich an seinen Bauch und gab Schmerzlaute von sich. Schmerz! Eine kräftige Hand packte meinen Arm von hinten und zog mich aus dem Transporter. Ich wehrte mich nicht. Ich war zu fertig und am Ende meiner Kraft.

Der Fahrer warf mich wie ein Stück Dreck auf den Boden, sah mich mit finsterem Blick an und stieg zurück in den Transporter. Kurze Zeit regte ich mich nicht. Aus Angst, einer der Männer könnte wieder aussteigen und auf mich eintreten. Mich vergewaltigen und schlagen. Sie fuhren los. Ich zitterte und weinte. Still. So lag ich da. Lange. Auf einer kalten Straße, im Regen und mitten in der Nacht. Erst als der Transporter viele Kilometer weit weg sein musste, stand ich auf. Weinend. Ich fühlte mich verloren und benutzt. Noch immer schlackerten meine Knie, als ich mein Gepäck von der Straße räumte. Mein Blick war starr in die Ferne gerichtet. Mir war heiß, dann wieder kalt. Ich hatte einen Schock. Wie lange ich dastand, wusste ich nicht. Doch ich sah, wie ein Auto nach dem anderen an mir vorbeifuhr und ich mich immer unbedeutender und unsichtbarer fühlte. In mir drin nur Leere. Ich fühlte mich allein gelassen und verloren, wertlos und schmutzig.

Der heftige Regen hatte schnell meine Kleidung durchdrungen. Ich war pitschnass, doch der Geruch des Mannes blieb. Egal, wie sehr es schüttete, noch immer fühlte ich mich dreckig und begrabscht. Die Tränen liefen über meine Wangen. Ich steckte den Schlüssel ins Bike und drehte. Voller Kraft, ohne Gefühl. Ich schrie. Hilflos und wütend zugleich. Helfen tat mir niemand. Die Straßen menschenleer. Völlig aufgelöst startete ich wieder und wieder den Motor. Ich quälte mein Bike. Oft. Die Maschine kämpfte. Ich schlug mit meinen nackten Fäusten auf mein Motorrad ein, drehte am Choke. Der Moment, als sie plötzlich aufheulte, war ein Moment der Hoffnung. Die Suzuki schenkte mir eine Chance. Völlig aufgewühlt fuhr ich weiter. Vorsichtig, denn der Motor hörte sich krank an. Ich war bis auf die Knochen nass, doch es störte mich kaum. Es fühlte sich an, als würde mich jemand bestrafen. Bestrafen dafür, dass ich so jung und naiv war. Meine Regenkleidung brachte einen Scheiß und die kalten Temperaturen ließen mich zittern. Auf den Bergen lag Schnee und die Straßen waren glatt. Ich war nicht mehr weit von Deutschland entfernt. Mit meinem Motorrad fuhr ich auf die Autobahn und überquerte die Grenze zur Schweiz. Der Regen lief mir den Rücken hinunter und ich merkte, wie verloren ich war und schlecht es mir ging. Ich versuchte die letzten Stunden herunterzuschlucken, doch es gelang mir nicht. Nicht wirklich. Immer wieder schossen mir Bilder durch den Kopf. Bilder, die ich nie wieder vergessen würde. Ich weinte und rotzte. In mir eine unbeschreibliche Leere. Ich fuhr langsam, um überhaupt etwas wahrnehmen zu können. Dann hörte ich ein Rattern. Die Maschine meckerte. Ich bremste noch weiter herunter. Die Straße war nass. »Neiiiiin ...«, ich rutschte. Dann ein lauter Knall.

Kapitel 26

Ich wollte sterben

In strömendem Regen schlitterte ich die Autobahn entlang. Mein Motorrad lag schon auf dem Seitenstreifen, als ich mich noch einmal überschlug und dann am Boden liegen blieb. Mein Körper stocksteif. Ich öffnete meine Augen, bewegte mich nicht. Im Augenwinkel suchte ich meine Maschine. Ich entdeckte sie, qualmend. Plastikteile lagen auf dem Boden, ein Blinker war abgebrochen und mein Rücklicht zersplittert. Vorsichtig tastete ich meine Arme und Beine ab. Mehr als blaue Flecken hatte ich nicht. Langsam stand ich auf, lief zu meiner Suzuki und sah mir das Elend an. Viel war nicht passiert. Der Tacho hatte sich gelöst, sonst hatte sie nur Kratzer.

So stand ich da, ohne Geld, mit einem schrotten Bike und ganz alleine. Ich richtete die Maschine auf, durchgefroren und zerstört. Dann rief ich den Abschleppdienst. Den, den ich die ganze Zeit schon hätte rufen können. Den, den ich nicht rief. Aus Naivität und Dickköpfigkeit. Mir wurde eine schweizerische Firma zugewiesen. Gut zwei Stunden später kam ein Transporter vorgefahren und schleppte mich ab. Stumm brachte man mich in eine Werkstatt, begegnete mir kalt und gelangweilt. Dem Bike schenkte man wenig Beachtung. Motorschaden, hieß es. Meine Suzuki sei Abfall und gehöre auf den Schrottplatz.

Ich war einfach nur noch leer. Niemals, nie würde ich all meine Erinnerungen und Erlebnisse auf diese Art und Weise gehen lassen. Mein Bike war immer an meiner Seite gewesen, wir fuhren alle unsere Wege gemeinsam. Jeden. Aber nicht den in die Presse. Der Wert der Maschine war zu groß. Für mich. Eine Alternative hatten sie nicht. Stattdessen ließen sie mich stehen.

»Wir schließen jetzt«, sagten sie und schoben mich aus dem Raum.

»Wartet! Wie komm ich über die Grenze?«, fragte ich und riss die Augen weit auf. Ich musste nach Deutschland. Obwohl ich mich nach einer Weiterreise sehnte und sie jetzt brauchte … wusste ich dennoch, dass ich keine Optionen hatte. Norwegen und Schweden … plötzlich ganz weit weg.

»Gar nicht!«, sagten sie mir. Da stand ich nun. Im Regen. Bei knapp 0 Grad. Ich war in eine Sackgasse geraten. Ich rotzte Tränen und Schnodder, wischte mir das Gesicht mit meinen Händen sauber und schnappte nach Luft. Ich fühlte mich, als ob jemand seine Hände an meinen Hals legte und immer weiter zudrückte. Ich rang nach Atem. *Was tun? Was, verdammt noch mal?*

Mein Bike der reinste Schrotthaufen und mein Portemonnaie mindestens genauso leer wie mein Kopf. Ich ergriff den Lenker meiner Suzi und schob das Motorrad die einsamen Straßen entlang. Wohin, wusste ich, glaube ich, selber nicht so ganz. Ohne

Ziel und ohne Plan ... so wie meine Reise begonnen hatte, so sollte sie an dieser Stelle enden. *Oder?*

Meine Augen waren rot geschwollen, meine Wangen zuckten und mein Mund war trocken ... In mir Wut, Verzweiflung und Angst. Nach wie vielen Stunden der Regen nachließ, weiß ich nicht. Doch ich kann mich daran erinnern, wie sich der Himmel aufmachte und die Sterne in vollem Glanz erstrahlten. Ich richtete meinen Blick nach oben und wünschte mir ein klitzekleines Zeichen. Irgendetwas, was mir sagen könnte, dass alles wieder gut wird. Voller Verzweiflung schaute ich in den Himmel, sah eine Sternschnuppe und stockte. Eine gottverdammte Sternschnuppe. Ausgerechnet jetzt? Ich blieb wie angewurzelt stehen und sah dabei zu, wie der Stern erlosch. Ich blinzelte. In mir eine Kraft. Plötzlich. Ich wusste nicht woher, doch schlagartig fühlte ich mich voller Energie. Noch immer stand ich da, den Kopf in den Nacken gerichtet und mich fragend, was das gerade gewesen war. Ich habe nie an so etwas wie Gott geglaubt. Nie! Doch in diesem Moment fühlte ich mich beschützt und geborgen. In der Kälte stehend und vollkommen durchnässt. Ob ihr mir das glaubt oder nicht. Irgendwas war da. Und wenn es nur mein Kopf war, der verrücktspielte.

Ich lächelte. Zuversichtlich. Was hatte ich die letzten Monate nicht alles erlebt. Erleben dürfen ... Ich hatte Erfahrungen gesammelt, über vierzigtausend Kilometer Erfahrungen, ob gut oder schlecht, sie formten mich zu dem Menschen, der ich jetzt war. Und hey, ich war lebendig! Heil. ›Irgendwie ’ne ganz nice Voraussetzung, um weiterzumachen‹, dachte ich und wusste, dass ich wahrscheinlich nie aufgeben würde. Zu stark der innere Wille und zu sehr der Drang, Neues zu erleben und zu sehen. So schlug ich mit dem Fuß den Ständer meiner Suzuki hinaus, stellte das Bike ab und lehnte mich sitzend gegen meinen abgefahrenen Reifen. Innerlich eine totale Entspanntheit. ›Penne ich die Nacht halt auf der Straße‹, dachte ich und machte mir nix draus. Mein Leben war gerade so down … ›Kann nur besser werden‹, dachte ich mir und freute mich sogar ein wenig auf den folgenden Tag.

Ich strich mit den Fingern über den feuchten Teer und hinterfragte das Leben. Ich hinterfragte in diesem Moment irgendwie alles. Die Welt, das Universum, das große Ganze. Das große Ganze in dem ich nicht mal einen feuchten Furz abgab. ›Und meine Probleme erst‹, dachte ich und schob aus dem Nichts einen Lachkrampf.

Spät in der Nacht fand ich in den Schlaf. Meine Augen waren träge und schlossen sich von ganz alleine. Ein Traum mit Blick auf die Zukunft: Wind. Mir war arschkalt. Schnee wehte mir um die Ohren, als ich versuchte, mit dem Motorrad einen steilen Berg hinaufzufahren. Die Spikes in meinen Reifen gruben sich tief in das Eis und ich kam Meter für Meter voran. Unbeschwert grinste ich vor mich hin. Ich hatte mein Lebensziel erreicht. Glücklich sein. Als ich das Bike jetzt abstellte, meine Schuhe auszog und barfuß durch den Schnee lief. Da mag wahrscheinlich jeder denken, ich bin verrückt … doch das war mir egal. Denn ich fühlte mich frei. So unendlich frei … Ich riss meine Augen weit auf. Ich schwöre es euch, weiter ging nicht mehr. Ich hatte das Gefühl, sie würden mir gleich aus dem Kopf platzen und doch ignorierte ich den Schmerz. Denn das war der Moment, in dem ich wusste: Die Reise geht weiter!

Nachwort

Lange habe ich überlegt und mit mir gerungen, ob ich die letzten Stellen des Buches wirklich preisgeben möchte. Ein verdammtes Jahr habe ich daran geschrieben und bin immer noch nicht zufrieden, sitze davor und bin wie blind. Nie hätte ich gedacht, dass es mir so schwerfallen würde, meine Gefühle aufzuschreiben, richtige Worte zu finden und mich gegenüber fremden Menschen zu öffnen. Zwischenzeitlich saß ich weinend vor meinen Zeilen und wollte einfach nur noch aufgeben und den Rotz hinter mir lassen. Doch am Ende hat dieses Buch eine enorme Bedeutung für mich. Mit jeder Zeile habe ich meine Geschehnisse verarbeitet. Ob gut oder schlecht ... mir hat es geholfen, über vieles hinwegzukommen, zu realisieren und zu reflektieren.

Auch wenn ich wahrscheinlich mehr als tausend Stunden in die für mich schwierigen Zeilen meines Buches investiert habe ... Ich kann und möchte sie euch nicht vorenthalten. Die Momente in meinem Leben, die nicht laufen wie geschmiert. Eine Reise ist eben auch mal hart und kann einen Menschen innerlich zerreißen. Doch sie kann gleichzeitig Wunder wirken und Wunden schließen. Am Ende ist sie – mit all ihren Höhen und Tiefen – genau das, was ich gebraucht hatte. Abenteuer, Erfahrungen und Erinnerungen für mein gesamtes Leben.

Und was habe ich dafür nicht alles aufgegeben? Sicherheit in meinem Leben, eine wundervolle Beziehung und auch die eine oder andere Freundschaft ist flöten gegangen. Leider. Doch das Leben geht weiter. Und wenn ich ganz ehrlich bin, hat Malte mir nicht nur damals Kraft gegeben, irgendwie tut er das auch heute noch. Auch wenn alles um mich rum weg ist oder im Unwichtigen versinkt, Malte ist da. Eingebrannt in die rechte Kammer meines Herzens …

Danksagung

Danke, Mama und Papa, dass ihr mich habt gehen lassen. Ich hoffe einfach, dass ihr mich nach dem Buch nicht in eine Zelle sperrt und mich weiter meinen Weg gehen lasst. Mama, mach dir keine Sorgen. Affe hat alles im Griff. Ich liebe euch!

... Na ja, und Lasse und Veith, euch ja auch irgendwie. Meine Brüder, ohne die ich vielleicht nie losgezogen wäre. Zwei Menschen, die mir immer den Rücken stärken und mich in meinen Träumen und Zielen unterstützen. Immer. Bros, ich bin einfach so unendlich stolz auf euch!

UND natürlich auch Danke an EUCH. Ohne euch hätte mein Leben wohl einen anderen Verlauf genommen. Meine Reise hätte so viel früher geendet, ich hätte so viele Dinge verpasst und wahrscheinlich nur die Hälfte der Erinnerungen, die ich heute mit euch teilen darf. Danke!

Auch an Kerstin und Martin, die mir bei dem Buch das eine und andere Mal unter die Arme gegriffen haben. Zwei Menschen, die sich nicht zu schade sind, auch mal zu sagen, was so richtig kacke klingt. Ich liebe euch dafür! Für eure Hilfe, für eure Art. Einfach nur danke. Und sollte das Buch scheiße ankommen, dann hab ich euch in der Hinterhand und kann einfach sagen: »Hey, beschwert euch bei denen«, denn ich bin erst mal weg. Die Welt ruft …

… und jetzt du, Affe: Klapp das Buch zu und leb dein Leben!